基于经济网络的绿色供应链网络结构及博弈均衡分析

房艳君 著

中国财经出版传媒集团
中国财政经济出版社

图书在版编目（CIP）数据

基于经济网络的绿色供应链网络结构及博弈均衡分析／房艳君著 . ——北京：中国财政经济出版社，2023.1

ISBN 978-7-5223-1806-6

Ⅰ.①基… Ⅱ.①房… Ⅲ.①供应链管理－研究 Ⅳ.①F252.1

中国版本图书馆 CIP 数据核字（2022）第 248589 号

责任编辑：彭　波　　　　　　　责任印制：史大鹏
封面设计：卜建辰　　　　　　　责任校对：张　凡

中国财政经济出版社 出版

URL：http://www.cfeph.cn

E-mail：cfeph@cfeph.cn

（版权所有　翻印必究）

社址：北京市海淀区阜成路甲 28 号　邮政编码：100142

营销中心电话：010-88191522

天猫网店：中国财政经济出版社旗舰店

网址：https://zgczjjcbs.tmall.com

北京财经印刷厂印刷　各地新华书店经销

成品尺寸：170mm×240mm　16 开　8 印张　104 000 字

2023 年 1 月第 1 版　2023 年 1 月北京第 1 次印刷

定价：68.00 元

ISBN 978-7-5223-1806-6

（图书出现印装问题，本社负责调换，电话：010-88190548）

本社质量投诉电话：010-88190744

打击盗版举报热线：010-88191661　QQ：2242791300

前 言

本书运用经济网络和复杂网络的分析方法,将非线性规划、博弈论、复杂网络及经济网络等理论应用到供应链网络和绿色供应链网络的研究中,建立了供应链网络的结构模型并对其进行优化分析、网络结构分析和效率分析;对供应链网络上的动态博弈进行分析,并进一步分析供应链网络结构与动态博弈均衡之间的相互关系;根据一般性的分析结果,构建供应链网络模型,并根据动态博弈合作均衡出现的结果,分析供应链网络的结构及网络特性。通过对供应链网络结构与动态博弈合作均衡的关系研究,我们可以利用理论结果来解释一些相应的供应链网络所呈现的特性。因此,对绿色供应链的优化分析和供应链网络结构模型研究的重要意义是显而易见的。

本书共由七章构成,第一章介绍了研究内容的背景和意义,并对供应链和绿色供应链的相关理论进行综述;第二章介绍了经济网络理论、复杂网络理论及网络的统计特征;第三章进行基于经济网络的供应链网络结构的稳定性和有效性分析;第四章运用复杂网络理论构建了绿色供应链网络模型,并对模型进行优化分析;第五章在第三章构建的供应链网络基本结构的基础上,结合博弈理论,分析供应链网络达到合作均衡的基本条件以及供应链网络结构与合作均衡之间的关系；第六章是在第四章的分析基础上，结合单阶段的绿色供应链决策和动态博弈理论，讨论绿色供应链网络效率想要达到最优状态时的条件；第七章对全书内容进行了总结并对未来的研究方向进行展望。其中第三、第四、第五、第六章是全书的主要构成部分，书中涉及的主要内容和创新之处概述如下。

1. 建立了基于经济网络的供应链网络结构模型

根据供应链的系统性，首先运用复杂网络理论构建包括供应商、制造商、消费者三个层级的供应链网络，为实现绿色供应链的"绿色"要求，把系统的总污染量控制与系统的总期望收益作为同等重要的系统目标，在此基础上进行系统目标和各层级个体单位的目标分析，分别给出系统和企业的优化目标，由模型的描述和分析来看，绿色供应链网络结构及系统优化问题包括系统整体最优和各个体目标最优之间的权衡取舍，因此，构成一个多目标的决策问题。在模型结构和目标的分析中发现以下几个方面的问题：（1）绿色供应链网络与传统供应链相比，需要加入考虑从供应商到消费者各层级的浪费和回收处理问题，使系统的浪费值或污染值最小；（2）处在绿色供应链上的各层级个体在追求利润最大和成本最小的同时，也需要考虑尽量减少污染；（3）要想使绿色供应链系统最优，需要在满足各层级个体的目标约束下才能更好实现。

2. 进行供应链网络的动态博弈分析

首先运用经济网络的构成特征介绍供应链网络的模型设定，分析了供应链网络的形成机制。然后对供应链网络中的模式过程进行假设和构建,从各层级的单个个体开始,分析供应链网络中达到合作均衡的条件,同时分析均衡对网络结构的要求和影响。从分析可以得出,网络中的合作均衡受到背叛的最高收益、收益现值以及折现率的影响,如果想要网络出现合作均衡,就需要注意以下两个方面:一方面,如果在供应链系统中,背叛的最高收益既定,如果收益现值足够高,那么即使折现率低一些,也可以保证合作均衡的出现;另一方面,如果在供应链系统折现率既定,那么即使背叛的最高收益比较高,只要收益值够高,就可以使网络出现合作均衡。进一步,本章还探讨了合作均衡的重要影响因素收益现值对供应链网络结构的影响。

3. 动态博弈下的供应链网络结构与结构特征分析

运用复杂网络的分析方法进行基于"囚徒困境"博弈的供应链动态网络的形成机制的分析,将收益的影响加入个体的连接选择中,基于网络的一般演化规则,提出了基于增长、局部选择、选择限制、决策选择的基于"囚徒困境"博弈的供应链演化模型。同时,对于形成的供应链网络结构的平均度与度分布进行了分析,发现在网络模型中,连接度小的节点倾向于连接度值大的节点,但因为连接限制,度值大的节点因为"责任限制"会控制自己的连接数量,所以网络的平均度没有呈现较大数值的情况。

4. 供应链网络的效率分析

在第四章绿色供应链网络优化分析和第五章供应链网络合作均衡的条件的分析基础上,基于供应链中制造商和零售商的单阶段决策基础进行绿色供应链网络的效率分析。首先计算在单阶段博弈状态下,制造商和零售商分别选择合作策略和背叛策略时的利润，然后运用动态博弈，考虑在一定折现系数的情况下，制造商和零售商在合作策略和背叛策略时的期望利润，运用合作的期望利润与背叛的期望利润比较，总结供应链能达到最优效率的条件是合作利润的分摊系数需要满足一定的条件。

作　者

2022 年 11 月

目　　录

第一章　绪论 ………………………………………………… 1

　第一节　研究课题的背景和意义 ……………………………… 2
　第二节　供应链及供应链网络 ………………………………… 8
　第三节　绿色供应链概述 ……………………………………… 15
　本章小结 ………………………………………………………… 19

第二章　经济网络理论 …………………………………… 21

　第 一 节　经济网络及其发展趋势 …………………………… 22
　第二节　复杂网络及其统计特性 ……………………………… 35
　第三节　复杂网络上的博弈演化 ……………………………… 45
　本章小结 ………………………………………………………… 46

第三章　基于社会经济网络的供应链网络结构特性分析 ………… 47

　第一节　引言 …………………………………………………… 48
　第二节　国内外研究现状 ……………………………………… 48
　第三节　基于经济网络的供应链网络结构及其特性分析 …… 50
　本章小结 ………………………………………………………… 56

第四章　绿色供应链网络的优化模型 ………………… 57

　第一节　引言 …………………………………………………… 58

第二节 绿色供应链网络模型 …………………………………… 59
第三节 数值算例与分析 …………………………………………… 65
本章小结 ……………………………………………………………… 67

第五章 动态博弈下的供应链网络结构分析 …………………… 69

第一节 引言 ………………………………………………………… 70
第二节 供应链拓扑结构及特征 …………………………………… 70
第三节 模型描述 …………………………………………………… 72
第四节 个体利益设定 ……………………………………………… 74
第五节 供应链网络中的博弈均衡分析 …………………………… 75
第六节 供应链网络结构与博弈均衡分析 ………………………… 77
本章小结 ……………………………………………………………… 78

第六章 基于动态博弈的供应链网络效率分析 …………………… 81

第一节 引言 ………………………………………………………… 82
第二节 模型描述 …………………………………………………… 83
第三节 单阶段合作与背叛下的决策分析 ………………………… 85
第四节 供应链网络效率分析 ……………………………………… 87
本章小结 ……………………………………………………………… 89

第七章 总结和展望 …………………………………………………… 91

第一节 总结 ………………………………………………………… 92
第二节 展望 ………………………………………………………… 94

参考文献 …………………………………………………………………… 96

基于经济网络的绿色供应链
网络结构及博弈
均衡分析
Chapter 1

第一章 绪 论

第一节 研究课题的背景和意义

一、供应链网络及绿色供应链研究的意义

随着全球经济一体化的进一步发展，作为连接桥梁的供应链网络，其规模也在进一步的扩大，供应链网络的结构随之变化的也更加复杂。供应链网络中的单个节点企业的决策也会影响到其他企业的决策，进而影响整个供应链的网络结构、网络效率。供应链系统中的典型的复杂网络特征，使得国内外研究者开始运用复杂网络这一系统研究工具对其进行研究。但当前对于供应链网络的研究多是从其具体运作或者企业之间的协调等微观行为方面进行的，缺少从系统和宏观角度对供应链的结构特征、网络演化规律和供应链网络的有效性等方面进行研究，因此，对于供应链网络系统复杂动态演化的本质未能进行深入的分析。复杂网络这种新的研究工具和方法，可以试图通过建立供应链网络的系统动态演化模型，揭示供应链系统内在的演化动力学规律，以期能够为更好地实现系统动力演化过程的控制服务。用复杂网络，特别是经济网络作为研究方法可以认识发现一些其他研究方法不易揭示的系统宏观变化性质和内在演化规律，这对于现实供应链系统的宏观运作管理、微观运行管理以及科学决策具有重要的参考价值。

21世纪，人口、资源与环境三者之间的矛盾日益凸显，人类物质文明发展中对资源使用量的急剧扩张已经造成了对环境和资源的破坏及绿色平衡的失调，因此，进入20世纪90年代以来大多数国家先后相应地调整了自己的发展战略，全球性的产业结构呈现出绿色战略趋势，绿色工艺、绿色产品、绿色产业不断出现。一个产品的生命周期包括从原材料开采到用户的最终消费，其间经历了多个设计、生产

第一章 绪 论

加工和流通过程，因此，绿色战略的范围就不仅仅是某个加工环节、某个中间产品或者某个企业所能解决的问题，而是涉及整个供应链系统中所有层级的个体企业。在绿色战略的发展中，要求制造业整体提高创造活动与外界环境的相容性，同时随着社会可持续发展战略的提出，制造行业的供应链系统也顺应地向绿色供应链演化。绿色供应链是供应链在绿色制造中的应用，既包括基于环境管理的研究，也包括基于供应链的研究。加上"绿色"一词之后，必须考虑供应链和自然环境管理之间的相互影响和相互作用。绿色供应链的范围包括从供应商到消费者，因此，研究领域包括绿色产品设计、再制造、绿色制造、废物利用、逆向物流和定位运输等方面的内容。绿色供应链中流动的物流不仅是普通的原材料、中间产品和最终产品，更是一种"绿色"的物流。再生产过程中产生的废品、废料和在运输、仓储、销售过程中产生的损坏件及被用户淘汰的产品均须回收处理。当报废产品或零部件经回收处理后可以再使用，或可作为原材料重复利用时，绿色供应链没有终止点，是"从摇篮到再现"。

20世纪70年代，就有在供应链中考虑外界环境因素的研究出现，但因为当时对环境保护意识还未受重视，因此只是作为物流管理研究的一个次要方面。从20世纪90年代初开始，受环境保护意识加强的影响，绿色物流的研究成为一个专项研究。1994年，韦伯进行了一些产品再生原料利用的研究，通过研究，韦伯建议应该根据环境准则选择产品的原材料，而且应该注重产品的再生利用性。韦伯在研究中首次提出绿色采购的概念，这标志着绿色供应链研究的正式开始。同一时期，美国国家科学基金（NSF）给予密歇根州立大学的制造研究协会（MRC）40万美元的资助，MRC进行了"环境负责制造（ERM）"的研究，其中将绿色供应链作为一个重要的研究部分，并于1996年正式提出了绿色供应链的概念。

现阶段已出现大量关注"绿色供应链管理"的文献。根据最近Srivastava[1]对绿色供应链研究所做的文献综述表明，现阶段对"绿色供应链"的研究存在两个方向：绿色产品设计和绿色运营。其研究隶属于第二个方向，主要是考虑绿色制造和再制造[2]，以及废物管理[3]。相关方面的研究有利用反向物流设计来实现再循环[4]，或者是通过优化循环网络来达到"绿色"效果[5]。

近年来，随着国家可持续发展战略的制定，对于供应链网络及绿色供应链的研究给予大量的投资支持，使得我国的许多专家学者在绿色供应链网络的方面进行了大量的研究，也取得了不少研究成果。

但是，现阶段，对于供应链网络及绿色供应链的理论研究还较分散，理论的系统性还需要进一步加强，加强供应链网络结构及绿色供应链网络的优化研究，大力发展供应链，对提高产品的国际竞争力、保护环境和实施可持续发展战略具有十分重要的意义。

二、复杂网络研究的意义

复杂网络已经成为当今科学界研究的前沿和热点。其研究者来自物理学、生物学、计算机科学、管理学、社会学以及经济学等各个不同领域。复杂网络的研究涉及广泛的交叉学科，包括非线性科学、复杂性科学、数学、计算机科学、理论物理、电路与系统、生物学等各个不同领域。

复杂网络作为复杂系统的一种抽象和描述方式、作为复杂系统的结构形态，它突出强调了系统结构的拓扑特征。可以说，任何复杂系统都可以当作复杂网络来研究。以复杂网络形式研究复杂系统，可以加深人们对系统结构的深入了解，随着复杂网络研究的深入以及用网络理论研究系统演化工作的深入开展，复杂网络已成为复杂系统演化研究的新的突破性成果。因此，复杂网络的研究，为我们提供了一种复杂性研究的新视角、新方法，并且提供了一种比较宽阔的视野。因而可以在复杂网络研究下，对各种真实网络进行比较、研究和综合概括。复杂网络涉及很多交叉学科包括复杂性科学、非线性科学、电路

第一章 绪 论

与系统、计算机科学、控制理论、理论物理、数学、生物学、社会经济学等多个学科领域。因此,复杂网络的研究无论在理论上还是在应用中都有重要意义,并且对复杂网络的研究将会引起各个学科领域的广泛兴趣。

首先,网络的现象涵盖极其广泛,因此,对网络的研究有普遍意义。例如,科学家发现大多数实际的系统都是复杂网络,从细菌、细胞和蛋白质系统,到人类性关系,甚至到科学家之间的合作、论文之间的引证联系、大型的 Internet 和 WWW 网络等,它们都遵循某种网络关系,也构成某种复杂网络系统。因此,如果可以发现一种概括它们的共同特性的观点和方法,则能够概括这类网络的关键,对这些系统进行深入的认识。而复杂网络研究恰恰在这点上发现了各种真实网络同时都具有的三个主要特征:小世界、无标度性和高聚集度。

其次,复杂网络的研究,在大量网络现象的基础上抽象出两种基本复杂网络,即小世界网络和无标度网络。这两种网络都同时具有两个基本特征:高平均集聚程度、小的最短路径,而无标度网络的度分布又具有幂率分布特征。因此无标度网络的复杂性程度还高于小世界网络的复杂性程度。高平均集聚程度反映了事物在小世界的境况下自发走向有序的态势及自我组织的能力;小的最短路径特征反映了网络演化速度快的特征。系统低层次的因素之间的局部交互作用会更密集,作用会更频繁,在系统层次会涌现出更多的性质。例如,在 Watts 和 Strogatz 文章研究的传染病模型中,其接触传染率为 1,感染的顶点(可能是个体的人)在一个单位时间以后退出系统。对于任何网络,这样的传染病都将在整个网络扩散。研究其扩散时间,发现对于从规则网络到随机网络的所有 $p \in (0, 1)$ 网络,其扩散时间刚好与最短路径一致。也就是说,在规则网络上传播所需时间长,但是只要 p 略大于 0,传染病就会得到迅速传播。这很好地说明了最短路径这一几何量的作用。另外,在这个传染病模型上,任何一个顶点都同时向其所有近邻传播,如果网络的集聚程度高,传播就会更迅速。

最后，我们可以把复杂网络理论研究成果应用于具体问题的分析中，并设计具有更好特性的网络结构，为我们所用。例如，对于Internet这个高度复杂的实际网络，可以根据复杂网络理论对其性质进行分析研究，解释网络拓扑生成、Internet建模、网络的鲁棒性与脆弱性、网络中发生的振荡现象等，从而优化Internet设计拓扑和路由算法，进行拥塞控制，并对Internet中计算机病毒的传播进行控制，等等。

上述复杂网络广泛的应用前景使其备受国内外密切关注，引起了不同学科的高度重视。从2003年开始，每两年举行的全国复杂网络大会上，很多国内学者都报道了他们的研究成果。包括中国科学技术大学、上海交通大学、武汉大学等在内的许多院校，都专门成立了复杂网络研究中心和研究小组。近些年，国家自然科学基金委员会每年都设置关于复杂网络方面的重点基金项目。目前，对复杂网络的研究已成为极其重要而且富有挑战性的前沿科研课题。因此，选择以复杂网络为基础的研究具有一定的实际背景，有重要的理论意义和应用价值。

三、经济网络及其上的动态博弈的研究意义

近十几年来，随着复杂网络研究的兴起，经济学家和经济物理学家已经逐渐认识到在经济系统中存在一个由局部互相作用机制所形成的（全局）网络结构，这种结构影响甚至支配着经济系统的运行和演化。他们开始对经济系统的网络结构作经验研究，从中发现了经济网络结构的一些特征，进而尝试提出了经济网络的涌现模型和基于网络的经济系统模型，如经济网络的内生形成模型和基于网络的一般均衡模型等，并对它们做了相应的数学分析和模拟研究。

经济网络恰好刻画了经济系统中微观个体之间存在的相互联系与相互作用的关系结构，这种关系可以是经济个体之间的信息交流、商

品或证券交易、投资关系、信用关系或者隶属控制关系等。现实的经济系统往往有着巨大而复杂的网络结构，然而经典经济学理论却假设经济系统具有完全或者星形连接的简单网络结构，所以在以往的经济学研究中网络的结构被忽略了，这或许是造成经典经济学理论对现实的经济现象常常缺乏解释能力的原因之一。因此，经济网络的研究对经济学来说就显得尤为重要，目前这在经济学中还是一个全新的研究领域，虽然还有相当多方面的研究有待进一步的深入，但是现在的进展情况已显示出这项研究的潜力。

1996年，Jackson和Wolinski[6]首先采用博弈论的方法研究了经济网络的形成方式，之后引发了许多关于不同经济领域中的经济网络形成的研究[7][8]，如职业接触关系网、R&D合作关系网、寡头合作关系网、买者与卖者网络、技术创新网络和国际贸易网络等。这些模型试图从微观经济原理上来解释经济网络形成的原因，同时还引入了经济网络稳定性和有效性的概念。

社会经济网络渗透到我们的社会和经济生活中。它们在工作机会的信息传递中扮演着中心角色，并且对许多商品的贸易来说是至关重要的。它们为双边贸易中的发展中国家提供规则的基础。社会经济网络对于疾病传播机理，对商品购买的决定，对语言种类使用的选择，对选举的决定都起着相当重要的作用。并且它还对我们是否会犯罪，应得到什么程度的教育，以及职业上的相关关系都起着决定性作用。网络结构决定的无数的道路对我们形成的影响足以使我们认真地来理解以下的问题：（1）社会经济网络结构是如何影响行为的；（2）哪一种网络结构更能表现社会。这个专题报告的主要目的就是在原来供应链的基础上运用经济网络的概念进行供应链网络上的动态博弈分析，同时又根据动态博弈分析的条件分析供应链网络结构的特点，为这两个问题提供更广泛的一种视角。

根据以上所提到的，从经济学的角度来看，主要有两个重要的原因来分析社会经济网络：第一个原因是从经济学中发展出的很多研究方法在社会关系的组建模型和分析方面也是很有用的。例如，现在获得的一个新视角是把博弈论理论的成因代入网络结构的研究中，就像网络中个体之间的相互影响的关系一样。第二个原因是，经济学家应该对网络分析感兴趣，这种网络分析指的是把经济关系嵌入关系网络中，而网络的结构对结果的控制起着重要的作用。例如，许多劳动力市场充满了大量分散的经由私人关系相联系的工作信息，这个像教育程度和社会环境一样决定着工资和雇佣状况。要了解决定的信息流的网络所产生的影响，首先要了解劳动力市场的一些方面。这两个原因的立足点是不同的：第一个方面的原因是经济学家为何要拿出时间学习社会网络；第二个方面的原因是经济学家为何应该关注社会网络的分析情况。当进行社会网络分析的研究进入经济和相关领域时，根据第一个原因肯定不会孤立地进行，而在经济领域内持续增加的网络分析研究显示合作社会背景深深地影响了我们对一系列经济行为的新的理解。现在已有了许多经济应用社会网络来进行分析的重要案例，表现了社会网络在经济领域内的重要角色。

第二节　供应链及供应链网络

一、供应链概述

市场竞争的加剧使得企业正面对着一个迅速变化且难以预测的外部环境。传统的供应链是进行"纵向一体化"管理模式，即核心企业通过投资自建、投资控股或兼并等方式实现对原材料获取、产品制造、分销和销售全过程的控制，由于对外部环境的响应迟缓和被动，难以满足日益增长的客户需求。为了能够实现快速满足客户需求，实现对环境变化的快速回应，"横向一体化"管理模式逐渐得到了重视。"横向一体化"模式强调充分利用企业的外部资源来快速响应市

第一章 绪　论

场需求。它的基本思路是：让企业重点关注于提高自身的核心竞争力业务，对于其他的非核心的业务以委托或外包的形式转嫁给合作企业。"横向一体化"导致形成了一条从供应商到制造商再到分销商、零售商的贯穿所有企业的"链"。供应链这样一种连接不同层级企业的有效组织形式，就是随着"横向一体化"管理模式的发展而逐渐形成的。20 世纪 80 年代，供应链的概念被最先提出，其后受到了管理学学术界以及企业管理实践者的广泛关注。虽然经历了近四十多年的发展，然而对供应链的定义却一直缺乏一个统一的共识。这些定义侧重的角度各有不同，但从中不难看出，供应链是一个涉及供应商、物流提供商、制造商、分销商和零售商等众多实体的网络[9]。这些实体通过其上下游成员之间的相互联系，实现原材料的获取、将原材料转化成半成品和成品，并最终将产品销售给最终用户[10]。在供应链中，相邻节点成员间表现为一种需求供应关系。节点成员必须通过相互配合才能实现将原材料转化为最终的产品，并将产品销售给最终的用户[11]。从组织结构上看，供应链的组织形式大致可分为两类，即链状供应链和网状供应链。链状供应链是一种最简单的供应链结构。在这种供应链结构中，供应链上的每一个节点只与一个上游节点和一个下游节点相连接。链状供应链通常出现在企业内部和动态企业联盟中。图 1-1 是链状供应链的示意图，图中的箭头方向是指物流的流动方向。节点 A 和 B 间的箭头表明 A 是 B 的供应商，两者之间存在需求供应关系[12]。

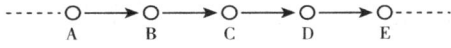

图 1-1　链状结构供应链示意图[12]

　　网状供应链是更为普遍的供应链结构，对于现在存在的产业供应链，大部分是这种网状结构。在这种结构中，每一个节点成员至少与一个上游成员或下游成员相连接。根据所涉及产品的复杂程度不同，网状供应链可具有不同层级数，每一层级又由一个或多个成员节点组成。图1-2是具有三个层级的供应链拓扑结构示意图。网状供应链的结构一般从两个维度进行描述：水平维度和垂直维度。水平维度指的是网络所具有的层级数目，而垂直维度则是指层级中所具有的节点成员个数[13]。

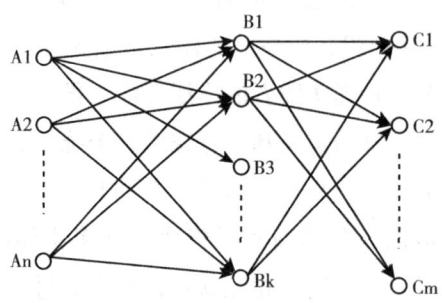

图1-2　网状结构供应链示意图[12]

供应链是当前企业间主流的组织形式。一个供应链运转的正常与否直接关系着其中每一个节点成员的生产经营活动，进而影响成员的最终效益。正因为如此，Lambert[14]等认为现代企业间的竞争不再是品牌对品牌、库存对库存之间的竞争，而是供应链与供应链之间的竞争。由于供应链中存在众多自治实体，实体间又存在复杂的相互关系，加之外部环境约束，如竞争压力、客户需求波动，使得供应链成为复杂的社会经济系统。近年来，虽然供应链的研究取得了大量的成果，但是由于供应链内在的复杂性，研究人员以及实践者仍然面对诸多的困惑，例如，寻找对复杂供应链进行有效建模的方法[15,16,17,18]，进行有效分析供应链伙伴间复杂的合作关系[19,20,21,22,23,24,25,26]，以及有效评估供应链中断风险的方法等[27,28,29,30,31,32]方面。这些问题的解决都需要研究人员采用有别于传统的理论和方法。

二、基于复杂网络的供应链建模分析

复杂网络理论作为研究复杂系统的有效工具，已经成功地应用于

第一章 绪 论

如互联网、交通网、电力网络和社会网络等众多不同的复杂系统中。复杂网络理论是通过对复杂系统拓扑结构进行分析,进而揭示其内在统计规律,并研究这些规律与其系统行为之间的内在联系。相关的研究表明,系统的拓扑结构与其行为之间存在密切的联系。

不同于一般复杂系统,大规模供应链的实证数据难以获取,这阻碍了通过实证研究分析供应链的统计特性。为了解决这个问题,构建供应链的结构模型,并基于结构模型来研究其统计特性成为可行的研究思路。供应链结构模型的构建以及统计特性分析将为进一步从拓扑结构视角研究其系统的行为提供了必要的前提条件。

Thadakamalla[28]等首先提出了供应链的结构模型。该模型针对军事供应链的特点,将网络中的节点分为若干类。当新的节点加入网络时,首先指定节点的类型,然后根据节点的类型,在其他类型的节点中基于节点度值优先规则选择连接,即同类型的节点之间由于没有供求关系,因而它们之间不存在连接。虽然该模型考虑了供应链节点的角色差异,但是该模型限定了每类节点进入网络的特定比例,使得其难以应用于一般的供应链。同时,该模型采用基于度值优先的连接方式也难以有效描述供应链中伙伴选择的真实情况。受上述工作的启发,Zhao[29]等提出了一种混合可调(hybrid and tunable)的供应链增长模型,在该模型中,作者采用基于度连接和局部选择(degree and locality – based attachment)的方式构造供应链结构模型。虽然,该模型考虑了供应链节点的选择范围局部性,然而由于没有对节点角色加以区分,使得该模型难以真实地反映供应链中节点的角色差异。Xuan[33]等也从复杂网络理论视角研究了供应链建模问题,引入了三种不同的供应商和客户之间连接的规则,即随机连接、偏好连接以及基于产品相似度连接,构造供应链的拓扑结构。Li[34]等则从伙伴选择的局部性上提出了多局部世界的供应链演化模型。该模型根据节点的聚类系数引入了一个新的局部世界。当每一个时间段内,有新的节点加入网络时,新节点会以一定概率采用随机连接或偏好连接的方式,在可连接的局部范围内选择节点进行连接。上述两个模型,同样也没有对节点角色的差异进行充分的考虑。类似地,相关的学者还提出了其他基于复杂网络理论的供应链结构模型[35,36,37]。由此可见,从拓扑视角,利用复杂网络理论研究供应链的建模问题,已经逐渐引起了学术界的关注。然而,在上述的大多数研究中,由于很少从供应链的结构特征出发,缺乏对结构的深入分析,如没有考虑节点角色的多样性、忽略了节点选择范围的局部性以及对连接偏好进行过于简单的处理,所提出的结构模型大多与真实的供应链系统存在一定的差距。

三、供应链网络研究现状

(一) 国外研究现状

在对供应链网络演化模型和鲁棒性研究的文献中,主要有三个研究方向。

第一个研究方向是从复杂网络理论对供应链系统进行的研究,这些研究主要是基于复杂自适应系统构建供应链模型或分析供应链网络的网络特征。其主要研究有:Troy[38]研究了 Swarm 仿真平台下信息共享方式不同对不同供应结构和产品结构的供应链网络性能的影响;Venkata[39]对供应链系统出现的涌现结构进行了仿真分析,揭示了供应链系统的复杂网络结构特性;Pathak[40]认为供应链是一个典型的复杂适应系统,基于演绎方法研究框架,建立了供需网络统一模型;Chris[41]将供应链看作一个复杂适应系统,依据微观经济学理论方法和非合作博弈理论方法,对供应链系统中的协调进行了仿真;Dirk Helbing[42]在论文中指出供应链管理中出现的"牛鞭"效应现象与供应链网络的拓扑结构特征有关,有些拓扑结构的供应链网络可以减弱"牛鞭"效应,增加稳定性和抗攻击性;Christian[43]研究证实了城市物资的供应网络服从无标度分布;Laumanns[44]把供应链网络运作过程看作是物流在整个供应链网络上动态流动的过程,利用一阶微分方

第一章 绪 论

程来描述物流通过某一环节时的变化,对整个供应链网络的整体最优化目标求解采用网络鲁棒性的最优化控制方法;Pathak[45]利用多智能体的仿真方法对供应链网络中的订单完成情况进行了仿真研究。

第二个研究方向是基于博弈论的供应链管理研究。其主要研究有:Cachon[46]研究了两阶段情况下,一个供应商与一个零售商的库存决策问题;Gans[47]进一步研究了 M 个供应商之间的服务质量竞争问题;随着供应链问题研究的深入,多阶段、多决策博弈问题研究受到了重视;Nagurney 等[48]对由制造商、零售商以及市场组成的三层供应链建立了单一产品下需求确定的网络均衡模型;Dong[49]对单一产品的随机需求情况进行了研究,建立了相应的供应链网络均衡模型;Sherer[50]分析了供应链管理中存在的问题,提出采用价值网络(value network)的思想可以帮助供应链企业更好地开发适应性网络进而满足顾客需求;Sunil Chopra[51]认为,供应链的目标应该是供应链整体价值最大化,供应链所产生的价值应为最终产品对顾客的价值与满足顾客需求所付出的供应链成本之差的差额。另外,在网络上的演化博弈现象也正受到研究人员的重视:哈佛大学研究人员[52]的实证性研究揭示了坦桑尼亚北部哈扎猎人(Hadza)之间的社会合作网络;西班牙学者[53]研究了更大规模网络上的人类博弈实验;结合 Rand[54]和 Suri[55]的研究,赋予个体合适的邻居选择机制,异质网络不促进合作的结论值得商榷,不同动态网络结构的作用会凸显;同时 Lee[56]等人研究了一个多重适应的动态网络演化博弈模型。

第三个研究方向是供应链鲁棒优化及控制研究。这方面的主要研究有:Tang[57]从运作风险管理的角度研究了供应链的不确定性;Nalan Gulpnar[58]模拟了多竞争对手和风险的供应链情景;A. Ben – Tal 和 A. Nemirovski[59]在其后对鲁棒优化方法论及其应用进行了大量的研究;Stephen C. H. Leung 等[60]分析了诸多条件下的多点生产问题的不确定性,建立了鲁棒优化模型。

(二) 国内研究现状

国内的一些学者也从复杂网络的角度对供应链进行了研究。具有代表性的主要有：王丹力等[61]认为供应链是一个开放的复杂巨系统，提出用综合集成研讨体系的思想来研究供应链管理中存在的问题；张涛等[62]对复杂适应系统和供应链进行对比分析，建立了基于复杂适应系统的供应链系统概念模型；路应金[63]对生产决策准则扰动下的集成供应链管理系统稳定性、集成供应链管理系统生产决策行为、集成供应链管理系统产品转移定价的混沌时序建模和混沌预测等集成供应链管理中的复杂性问题进行了研究；杨南川等[64]运用自组织理论方法对供应链进行了系统分析，为供应链管理决策提出了具体的指导意见；白世贞等[65]采用基于主体的建模方法，建立了供应链管理复杂系统的三层回声模型；黄健等[66]建立了综合考虑网络增长、新节点的加入和节点企业关系三个因素供应链网络生成模型，分析了供应链网络动态演化的统计特性；陈晓等[67]结合供应链网络的结构特征，在提出了一种局域世界的选取原则的基础上，建立了供需网络的局域世界演化复杂网络模型；张昕瑞等[68]认为供应链的形态对其性能有着重要影响，在分析复杂供应链网络结构特点的基础上，建立了复杂供应链网络的结构模型，并对供应链网络的价值增值博弈决策进行了研究；邱若臻[69]针对供应链的内部不确定性和外部突发事件的不确定性，研究了供应链的鲁棒优化和控制策略；丁青艳[70]对供应链网络的复杂网络结构特性、供应链网络的演化模型、复杂供应链网络结构下核心节点和关键链路的识别等供应链网络复杂网络特性研究的基础上，对复杂网络结构特性下供应链网络上企业间合作问题进行分析和建模；晏妮[71]在需求不确定环境下构建了由一个制造商和多个零售商组成的供应链系统，考虑不同产品的可替代性，建立了多个零售商竞争的随机优化模型。

第一章 绪　　论

第三节　绿色供应链概述

一、绿色供应链的基本概念

供应链管理是商业管理中重要的、系统性的管理内容，受到复杂网络兴起的影响，它的重要地位日益凸显。随着环境保护的加强，绿色管理对于供应链的影响远远超过了供应链本身的组织管理。20世纪90年代，美国国家科学基金资助给予密歇根州立大学40万美元的资助，让其进行一项由制造研究协会主持的"环境负责制造"研究，其中绿色供应链是重要研究内容之一并于1996年正式提出了绿色供应链的概念。M. H. Nagel[72]认为绿色供应链的管理涉及产品的使用、组成以及生产的全过程，认为在原有供应链思想的基础上，强调环境保护意识，并且要求再供应链范围内达成一种长期稳定的战略关系，同时强调技术支持在绿色供应链运营过程中的关键作用。Sean Gilber[46]认为绿色供应链是采购决策过程中考虑环境标准的关键因素，同时建立长期的合作关系，绿色供应链包括3个方面：环境、战略和库存。Steve Walton[73]等认为绿色供应链管理是将供应商加入企业的环境战略中，其核心是将集成化管理思想应用到绿色供应链管理的研究领域中。

从已有的文献中进行分析，发现大部分关于绿色供应链管理的定义都是基于产品生产环境和产品本身[74][75][76]，相关方面的研究学者是从环境与环境的合作关系和环境可以获得效益的大小的策略角度定义[77]。现在公认的关于绿色供应链管理最完整的定义是Zsidisin和Siferd在2001年给出的[78]：一个企业的绿色供应链管理是对供应链管理方针、采取的行动以及形成的各种关系的设定，所形成的各种关系是应对公司产品和服务有关设计、材料采购、生产、分发、使用、再使用以及处置方面的环境问题。

国内研究者也对绿色供应链进行了研究，给出一些观点。其中，朱庆华对绿色供应链管理定义：绿色供应链管理就是在供应链管理中考虑和强化环境因素，具体说就是通过上下游企业的合作以及企业内部各部门的沟通，从产品的设计、材料的选择、产品的制造、产品的销售以及回收的全过程中考虑环境整体效益最优化，同时提高企业的环境绩效和经济绩效，从而实现企业和所在供应链的可持续发展[79]。王能民、汪应洛[80]在前人的研究基础上提出了新的绿色供应链概念模型，由生产系统、消费系统、社会系统和环境系统4个子系统组成，模型中描述了其系统结构，反映了这四者之间的联系和组成要素，反映了物流、信息流、资金流与知识流在整个绿色供应链中的循环运动问题，强调了知识流在绿色供应链的动作过程中的重要性，具体如图1-3所示。

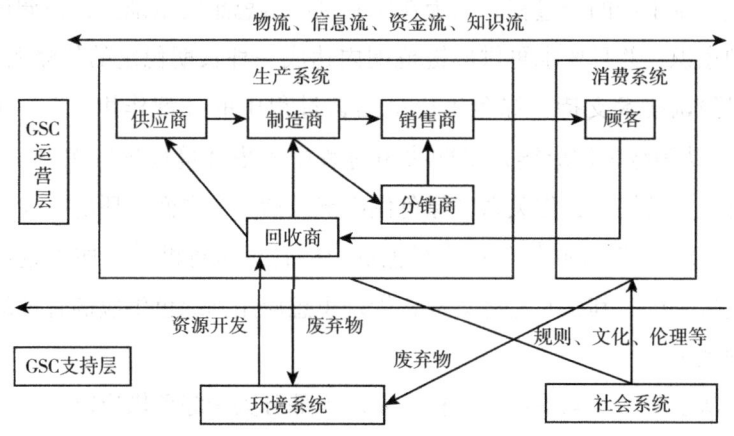

图1-3　绿色供应链的概念模型[80]

二、绿色供应链管理的特点

目前存在大量在供应链管理方面的文献是关注"绿色供应链管理"的。根据最近Srivastava[1]对绿色供应链文献所做的综述，现阶

第一章 绪 论

对"绿色供应链"的研究存在两个方向：绿色产品设计和绿色运营。其研究隶属于第二个方向，主要是考虑绿色制造和再制造[1,2]以及废物管理[3,4]。相关方面的研究有利用反向物流设计来实现再循环[4]，或者是通过优化循环网络来达到"绿色"效果[5]。但是，本书的重点是进行绿色供应链的整体网络结构设计。

在供应链管理方面另一个引起研究者广泛关注的领域是"供应链网络"。在这一方面的研究呈现大量的成果，其中包括线性确定性模型[81,82]，同时也有非线性的随机模型[83,84]。这些模型从不同的角度构建供应链网络结构，并且都参照了一些学者（Vidal and Goetschalckx[85]，Beamon[86]，Erenguc et al.[87]，Pontrandolfo and Okogbaa）的网络模型的建构方法。模型建立的过程中角度各自不同，参考的重要因素有运输方式[85]、纳税问题[86]或风险管理[88]，但未发现有从整体收益和成本角度进行整体网络结构分析的。从另一方研究方面观察，现阶段的网络结构模型基本上都是以单一目标进行研究的[89,90]，现实中的供应链实际是一个多目标问题[91,92]。

绿色供应链管理特征：绿色供应链管理的最终目标是实现可持续发展；绿色供应链管理的活动范围涵盖产品的全生命周期；绿色供应链管理的研究理论基础包括循环经济学理论、可持续发展理论和生态经济学理论；绿色供应链管理的行为主体包括公众、政府以及供应链上的全体成员。绿色供应链管理的设计将考虑到供应链管理中通过采购、物流、物料管理、生产制造和处理过程对环境的影响。实际上，它将促进供应链在上中下游活动资源的减少、再利用和回收。环境供应链管理为我们提供了一个新视角，包括一个双向提供的产品或服务的供应商，甚至可以说是一个周期性的视角。在其最广泛的应用，环境供应链管理贯穿一个产品的整个生命周期，从产生、成长、消亡到再生产[75]。环境供应链管理一直在寻求一个机会，与非竞争型组织共享思想、最先进的技术、实践经验，以便促进协作产生积极的环境影响。

绿色供应链管理会对改善环境供应链管理造成阻力及其潜在的解决方式。供应链管理问题是极其复杂的，这几个问题可能会影响到环境供应链管理作为一种为了满足业务目标和改善环境性能工具的发展。

三、绿色供应链研究现状

绿色供应链管理研究的范围非常广泛，包括绿色供应链对环境重要性的影响分析研究、绿色供应链设计以及绿色制造等三个大的方面，本书的内容侧重绿色供应链网络设计，因此，针对绿色供应链设计的研究现状从国内外的不同进展情况进行了分析。

从绿色供应链的设计角度出发，可以从设计分析和设计方法的不同角度对所进行的研究进行分类，从设计分析角度出发，已发表的有影响的论文包括：Glantschnig[93]和 Navin – Chandra[94]分析了绿色供应链设计如何影响环境的包容能力；Madu 等[95]展现了一种非常有用的绿色供应链的基本架构。一些学者（Barros et al.[96]，Ferrer[97]，Gatenby and Foo[98]，Guide and van Wassenhove[99]，Krikke et al.[100]，Louwers et al.[101]；Melissenand de Ron[102]，Seliger et al.[103]）都从材料和生产恢复角度进行了绿色供应链设计研究；还有一些学者（Boothroyd and Alting[104]，Krikke et al.[105]，Kroll et al.[106]，Laperiere and ElMaraghy[107]，Lee et al.[108]，Moore et al.[109]，Scheuring et al.[110]，Seliger et al.[103]以及 Taleb and Gupta[111]）从分解角度进行了绿色供应链的结构设计；另外，有部分学者（Gupta and Sharma[112]，He et al.[113]，Jahre[114]，Jayaraman et al.[115]，Johnson[116]以及 Sarkis and Cordeiro[117]）致力于从浪费最小化的角度对绿色供应链进行设计分析。

从分析方法角度，运用数学模型方法进行绿色供应链研究的相关文献包括：运用线性规划是最基本、最常用的构建绿色供应链网络结构的方法，其中代表性研究包括 Barros et al.[96]，Bloemhof – Ruwaard

第一章 绪 论

et al.[118]、Crainic et al.[119]、Fleischmann et al.[120]、Haas and Murphy[121]、Hu et al.[122]、Kroon and Vrijens[123]、Jayaraman and Srivastava[124]、Jayaraman et al.[115]、Louwers et al.[101]、Marin and Pelegrin[125]、Ritchie et al.[126]、Srivastava and Srivastava[127];在此基础上,有许多学者选择用动态规划进行绿色供应链模型设计,包括 Inderfurth and van der Laan[128]、Inderfurth et al.[219]、Kiesmüller and Scherer[130]、Klausner and Hendrickson[105]、Krikke et al.[105]、Richter and Sombrutzki[126]、Richter and Weber[132]。进一步地,有部分学者运用非线性规划进行绿色供应链模型的建立,包括 Jayaraman et al.[115]、Richter and Dobos[134]、Sarkis 和 Cordeiro[135];复杂网络的研究范式出现以后,Nagurney 和 Toyasaki[135]开始尝试运用网络均衡理论来解决供给均衡的绿色供应链的相关问题。Mostard 和 Teunter[136]运用最优数量、需求分布、产品售出和回收概率等指标来驱动一个简单的闭环均衡模型;一些学者(Fleischmann et al.、Gupta[112]、Kiesmüller and van der Laan[137]、vander Laan and Salomon[138])运用马氏链来解决与库存相关联的定量化问题;Ferrer 和 Ayres[139]运用收入产出理论进行模型建立和分析;Majumder 和 Groenevelt[140]则运用博弈论来分析他们的绿色供应链问题。

另外,为了解决上述建模过程中的模型求解的问题,计算机技术也被运用于绿色供应链的分析研究中,包括:LINDO 用于求解线性规划问题;Haas 和 Murphy[141]、Sarkis 和 Cordeiro[135]运用数据包络分析(DEA)来进行问题的模拟、解决和分析的应用;Min 等[142]运用遗传算法解决了多目标的回收物流的产品回收问题,很多应用软件如 EDS RLog、EDIT、MATLAB 以及计算机模拟等都被运用于绿色供应链的研究分析中。

本章小结

本章首先对研究的背景和意义进行了阐述,然后根据文章的研究主题，对涉及的供应链和绿色供应链的概念、研究的不同方向、研究的相关理论以及研究现状、研究相关问题的过程中运用到的模型以及问题解决方法也进行了简要的阐述。在后面的研究中，围绕绿色供应链和供应链网络进行，第二章进行了复杂网络理论的介绍，第三章基于社会经济网络进行了供应链网络结构的特性分析，第四章运用非线性规划方法进行绿色供应链网络的构建和优化，第五章进行了供应链网络上的博弈均衡分析，第六章进行了供应链网络的效率分析，第七章对全书进行了总结以及下一步研究的展望。

基于经济网络的绿色供应链
网络结构及博弈
均衡分析
Chapter 2

第二章 经济网络理论

第一节　经济网络及其发展趋势

一、经济网络

社会经济网络渗透于我们的社会和经济生活中。它们在工作机会的信息传递中扮演着中心角色；在商品和服务的贸易中起着重要作用；是发达国家之间贸易保护的基础。社会网络在疾病的传播过程、商品购买决策、主流通语言环境、股票投资，甚至因何犯罪，如何受教育和如何获得良好私人关系的决策过程中都起到重要作用。社会网络从方方面面对福利造成的重要影响决定了我们应该认真思考以下问题：（1）社会经济网络结构是怎样影响行为的；（2）在社会经济中哪种网络结构最容易形成。本书最主要目的是在前面两个问题的基础上为社会网络的分析提供一些模型和特性分析的不同角度。

随着复杂网络研究的兴起，社会学家和经济物理学家逐渐认识到在经济系统中也存在可以自组织形成的网络结构，这种网络结构甚至影响着经济系统的运行和演化，因此，开始对这种网络结构进行研究。但是，从目前相关经济网络的研究文献来看，学者们还未对经济网络给出严格和统一的定义。从现有的文献综合来看，共有狭义的和广义的两种观点。狭义的观点仅仅把经济网络看作市场与层级制企业之间的一种经济协调形式；广义的观点则把经济网络看作经济系统中个体之间的相互联系和相互作用而形成的一种关系结构。综合来看经济网络的各种研究，广义的观点更符合研究的实际。在广义的经济网络研究上，可以分为这样几个研究方向：协同网络、合作网络、买卖者网络和网络模型等。

（一）协同网络

最初理论是由 Kandori, M., G. J., Mailath 和 R. Rob（1993）在

第二章 经济网络理论

Learning, Mutation and Long Run Equilibria in Games[143]和Young, H. P. (1993)在*The Evolution of Conventions*[144]中提出的。他们对合作博弈中的均衡选择产生兴趣。重要的研究工作是验证了不同均衡选择对网络结构的影响,在这些案例中参与者是可以自由选择他们邻居的,不管这种选择形成的网络结构是否会产生有效的纳什均衡。

Ellison, G. (1993)在*Learning, Local Interaction, and Coordination*[145]和Morris, S. (2000)在*Contagion*[146]分析了局部最优网络中针对2×2合作网络的角色展开分析。展现了如在与最近邻邻居相连的环形网络中是如何集中于风险主导的均衡的。

相似的,Blume, L. E. (1993)在*The Statistical Mechanics of Strategic Interaction*[147]和Kosfeld, M. (2002)在*Stochastic Strategy Adjustment in Coordination Games*[148]中证明了在d维格子中这种风险主导的均衡也是存在的。

相反的,Ely, J. C. (2002)在*Local Conventions*[149]和Bhaskar, V. 和Vega – Redondo, F. (2002)在*Migration and the Evolution of Conventions*[150]中揭示,当参与者被允许选择他们的合作者时,情形显得非常的不同。他们规定了一系列参与者可参加合作博弈的情形。因此,在任何时间,参与者都同时选择一个情形和一个策略。在这些条件下,作者展现出风险主导的平衡失去了它的力量,而人们都倾向于选择有效的均衡状态。Mailath, G., L. Samuelson和A. Shaked (2001) *Endogenous Interactions*[151]和Nicita, A. and U. Pagano在*The Evolution of Economic Diversity*[152]中强调在这种情况下,避免选择差的合作者的能力是最关键的。

前面这些研究的前提条件都是与邻居连接变化是免费的,那么如果这种移动在有代价的情况下又会怎样呢?Goyal, S. 和F. Vega – Redondo (2000)在*Learning, Network Formation and Coordination*[153]中首先提出了一种理论研究的方法。他们研究发现,这种存在成本的连接,对一个参与者选择与另一个参与者连接时,选择什么样的均衡情况，成本是决定性和非直观性的角色。如果成本足够高，参与者只会选择有效率的纳什均衡合作。相反的，如果成本很低，风险主导的平衡就会是普遍的选择。Droste, E., R. P. Gilles 和 C. Johnson（2000）在 Evolution of Conventions in Endogenous Social Networks[154]中考虑了一个相似的随机学习模型。在他们的安排中，参与者形成一个圈形网络，他们可以选择与更远的参与者进行连接，但是成本比与邻居连接时成本高得多。他们的研究成果显示，如果在适中的转变中两种均衡策略可以共存的话，那么风险主导的均衡在长期的转变中是一种更普遍的选择。

此外，现在还存在大量的关于合作博弈的实证研究的文献。Keser, C., K.－M. Ehrhart 和 S. K. Berninghaus（1998）在 Coordination and Local Interaction: Experimental Evidence[155]中是第一位沿用前面模型进行合作博弈的网络实证研究的。

Boun My, K., Willinger, M. 和 Ziegelmayer, A.（2001）在 Global versus Local Interaction in Coordination Games: An Experimental Investigation[156]中也分析了相互连接网络在平衡选择上的作用。

Corbae, D. 和 J. Duffy（2002）在 Experiments with Network Economies[157]中也进行了关于局部连接假设的测验。

Cassar, A.（2002）在 Coordination and Cooperation in Local, Random and Small World Networks: Experimental Evidence[158]、D. K. Levine, W. Zame, L. Ausubel, P. A. Chiappori, B. Ellickson, A. Rubinstein 和 L. Samuelson（2002）在美国经济界夏季会议上发表的 Game Theory[159]中，通过不同的网络结构包括局域连接网络、随机网络和小世界网络来比较达到平衡的状况。

（二）合作网络

在这方面的理论研究，主要有以下几个方面。Eshel, I., L. Samuelson 和 A. Shaked（1998）在 Altruists, Egoists, and Hooligans in a Local Interaction Model[160]中的研究显示,只要参与者之间局部的相互影响,并且成功的行为可以通过模仿得到适应,那么在"囚徒困境"博弈中合作是可以存在的。在这个模型中,局部相互影响的决定性效果是模型允许合作的参与者聚集在一起。它的中心思想是这样的:既然合作的积极外部性是严格限制于局部内的,那么这个相互影响的网络就减少其他(距离更远些的)参与者进行合作的可能性。结果,被其他合作者包围着的合作者比被背叛者包围着的背叛者可以得到更多的收入。因此,如果与模仿行为联系在一起,那么合作是可以在"囚徒困境"博弈中存在的。Nowak,M. A. 和 R. M. May(1992)在 *Evolutionary Games and Spatial Chaos*[161]和 Kirchkamp, O. (2000) *Spatial Evolution of Automata in the Prisoners' Dilemma*[162]中也作了相关工作。

在前面这些研究中,网络是外部给定的。Bhaskar, V. 和 Vega-Redondo, F. (2002)在 *Migration and the Evolution of Conventions*[151]中写了一篇关于内生形成网络的理论文章,研究了通过无限次重复"囚徒困境"博弈,参与者之间双向的参与选择形成的网络结构。为了详细说明哪一对参与者进行博弈,一个网络也决定了在参与者之间如何进行决策信息的传播和参与者如何找到合作的集合。假设在"囚徒困境"博弈过程中,随时间的变化,得益是波动的,作者分析了成对稳定合作网络的想法,在这种网络模型中,直观地来说,只有两个参与者在"囚徒困境"博弈中都有想进行合作连接的意愿时,两者之间才能进行直接的连接。通过研究后得出的主要结果是:参与者只能维持在一个密集的社会网络中,也就是说,如果得益的损失率不是很高的话,参与者只能维持在一个有足够多的个人连接的网络结构中。还有就是,高的得益损失率会增加网络的聚集性,也就是说,得益的变化幅度越大,参与者之间的平均距离会变得越短。

虽然关于"囚徒困境"博弈中的合作问题的文献很多,但是只有最近几年才有文章考虑网络在合作中的角色问题并进行了相关的实证研究。

Kirchkamp 和 Nagel（2001）的 *Local and Group Interaction in Prisoners' Dilemmas*[163]对 Eshel 等（1998）研究的合作可以通过局部的相互作用和模仿而存在的预测感兴趣。他们设计了一个与 Keser 等（1998）相类似的包含两个方法的实验模型。

Cassar，A.（2002）在 *Coordination and Cooperation in Local, Random and Small World Networks: Experimental Evidence*[158]中报道了一个相似的在局部连接网络、小世界网络和随机网络中关于合作率降低的结果，并且发现在这几种网络中没有明显的区别。

Riedl，A. 和 A. Ule（2002）在 *Exclusion and Cooperation in Social Network Experiments*[164]中的实验关注了另一个不同的问题：像在 Vega – Redondo（2002）的模型中，当参与者进行"囚徒困境"博弈时形成怎样的内部网络模型。

Brown，M.，A. Falk 和 E. Fehr（2002）在 *Relational Contracts and the Nature of Market Interactions*[165]中提到在一个实验研究中通过比较这个结果来进行解释。

（三）买者—卖者网络

买者—卖者网络代表了经济理论在实证研究领域研究的开始。

Kranton，R. 和 D. Minehart（2001）在 *A Theory of Buyer – Seller Networks*[166]中测验了在特定形成的网络中的个人行为，这些网络模型有像 Nishiguchi，T.（1994）在 *Strategic Industrial Sourcing*[167]中记录的日本的电力工业网络和 Lazerson，M.（1993）在 *Factory or Putting – Out? Knitting Networks in Modena*[168]中记录的印度的制衣工业的网络模型。尤其特别的是，他们研究是什么因素驱使卖者和买者之间建立多重贸易关系的连线和这些网络是否像预期的那么有效？

为了回答这些问题，他们设定了一组买者和卖者，其中这些卖者拥有一批不可分的物资出售，买者可以任意地对这批物资进行估价。

一个买者只有在与卖者有连线时才可以向这个卖者进行物资的购买。买者决定与谁连线并对这些连线付出成本。交易和价格是由英式拍卖及价格逐渐上升的方式来决定的。当价格超过他们的预期价格时，买者可以中途退出。这个过程一直持续到需求和供给相平衡。Kranton 和 Minehart 揭示出这样一个现象，那就是在网络中竞争可以产生有效率的商品配置。更重要的是，商品价格可以反映网络中的连线形势，这种连线形式是在买者的得益和他在网络中所期望的社会边际成本价值相一致时决定的。从这儿可以得到这样一个结论，那就是，有效的网络结构经常是一个平衡的结果。

Kranton 和 Minehart 的模型强调了买者—卖者网络产生的两个原因：一个是经济，另一个是策略。首先，因为买者可以对物品进行随意的估价，那么网络应该允许买者和卖者之间产生不确定的需求。其次，一个商人的多重连接可以加强他的竞争地位。

Corominas – Bosch, M. (1999) 在 *On Two – sided Network Markets*[169] 中也进行了关于竞争对网络结构影响的模型研究。但是，与 Kranton 和 Minehart 的模型中的价格由拍卖决定不同，在 Corominas – Bosch 的模型中，买者对卖者的商品估价是给定的。此模型中，交易也只能在有连线的交易者之间进行。结果是，如果一个个体有多条连线，那么他就可以采用集中进行交易的方式，因此，网络结构直接决定了个体的讨价还价的能力。

讨价还价的过程遵循无边界的双方轮流给定协议的变化原则。每个卖者在第一阶段给出一个出售价格，然后买者同时在已有连接的卖者给出的价格中选择一个。如果买者和卖者之间进行完交易，那么这条边就会从网络中删除。然后在下一个阶段，买者给出一个价格，与之有连接的卖者决定接受还是拒绝。这个过程一直重复到所有的卖者和买者之间都不再有连线为止。未来价值贴现率参照普通的价值贴现率。

Corominas – Bosch 揭示出这样一个现象，那就是在给定的网络结构上，商品博弈的子博弈完美纳什均衡有以下几个特点：如果网络是"竞争型"的，那么市场中短缺的一方会全部接收剩余一方的全部过剩产品。例如，如果网络中只有一个买者和两个卖者，那么卖者之间的竞争会导致价格降低到买者同时购买这两种物品的价格。如果网络是"平衡型的"，也就是网络中买者和卖者的数量数是相同的，通过贸易会把剩余商品平均分配。在一个买者与一个卖者的模型中，这种试验结果与 Rubinstein bargaining model 吻合得相当好。Corominas–Bosch 还揭示另一个现象，那就是，如果额外加入一些连线，那么任何一种网络都可以分解成有一组或者是"竞争型"的或者是"平衡型"的子网络。另外，买卖博弈的子博弈纳什均衡的结果是，在"竞争型"的子网中多有剩余供给全部分配给短缺一边，而在"平衡型"子网中，供给全部平均分配给短缺的一边。

在实证研究方面，Charness G．，M. Corominas–Bosch 和 G. R. Frechette（2001）在 Bargaining and Network Structure: An Experiment[170] 中对 Corominas–Bosch（1999）的模型进行了验证。如作者展现的，早期的配置可能强烈地影响对共享物品进行提供或接受的意愿。主体之间经过相互学习形成一个适当商榷结果的社会规则。这一点提议在理论预测中对具有学习能力的个体而言可能不是那么必须的。最后，事实上，不似标准的经济理论预测的那样，商榷结果没有明显的极端化与垄断涌现。Roth，A. E.（1995）在 Bargaining Experiments、Camerer，C. 和 R. Thaler（1995）在 Ultimatums, Dictators, and Manners 的实验性研究结果是相一致的。通过对这些博弈的观察可以通过假设解释，对公平公正的考虑驱动着参与者的行为（e.g.，Fehr and Schmidt，1999；Bolton and Ockenfels，2000）。在买者—卖者网络中，很明显地，对公平的考虑也扮演着一个重要的角色。尽管如此，对网络结构、商讨力量和公平性考虑之间的相互影响还需要进一步的研究。

把网络工业设计当作市场的实验研究像水利系统、电力系统和铁路运输等的网络，代表了买者—卖者网络的不同研究方面的文献资料。最近相关研究有 Murphy, J. J., Dinar, A., Howitt, R. E., Rassenti, S. J., 和 Smith, V. L. (2000) 的 *The Design of "Smart" Water Market Institutions Using Laboratory Experiments*[171], Rassenti, S. J., Smith, V. L. 和 Wilson, B. J. (2003) 的 *Controlling Market Power and Price Spikes in Electricity Networks: Demand – Side Bidding*[172]、Olson, M. A. 和 Schram, A. J. H. C. (2002) 的 *Competition for versus on the Rails: A Laboratory Experiment*。这些研究把模拟试验作为在各种网络中的实际市场情景的"风向标"。尤其重要的是,他们展示了模拟试验不仅可以回答科学的经济问题,而且也可以像实际设计的市场情景一样,为重要的实际问题提供相关的预见性。

(四) 决策网络模型

类似于协同网络、合作网络、竞争网络的研究,一个很重要的问题是网络是如何形成的。近几年,运用合作或非合作博弈理论,几个理论研究方法已经进行了这方面的探讨。

Myerson, R. (1977) 的 *Graphs and Cooperation in Games*[173]可能是第一个对这类问题有重要贡献的文献。Myerson 运用一个网络结构来分析合作博弈,这个网络结构是可以描述不同参与者之间有可能存在的联系和合作的。只有在网络中通过连线连接的个体之间才能表现联合行为。虽然这个观点代表了一种进步,但是仍有一些问题没有得到解决。因为,价值的作用仍然定义在联合之上而不是直接定义在网络上,并且理论结果也没有对当同一些参与者以不同的连接方式连接于不同的网络结构中的情况进行区分。结果,许多有趣的细节问题,如一些连线的得益和成本,在模型中不能得到分析。

M. O. Jackson 和 A. Wolinsky (1996) 在 *A Strategic Model of Social and Economic Networks*[6]中以不同的方法将价值作用直接定义在网络上。他们分析的最主要矛盾是效用,那就是,效用最大化和稳定性的问题。为了解决这一问题,他们分析了成对稳定性,即,只有当网络中的双方个体都想在他们之间进行连线时，连线才得以添加。另外，只要有一方想要删除他们之间的连线，连线就会被删除。

他们的一种特殊模型称为形成模型，在模型中，个体之间通过与其他个体的连接而获得得益，也同时为保持连线付出成本。Jackson 和 Wolinsky 通过研究展示有效的网络模型只有三种网络：在成本低时是全连接网络，如果成本中等的话是星形网络，如果成本高时是空网络。如果全连接网络和空网络是有效网络时它们也是成对稳定的，而星形网络却不能达到成对稳定。Jackson 和 Wolinsky 同时也分析出，有效性和稳定性不仅是连接网络的一个矛盾特性，也是更一般的模型中存在的矛盾特点。

Matthew O. Jackson（2005）在 *Strongly stable Networks*[6] 中研究了通过个体形成的网络结构，考虑了社会整体福利和个体激励之间的兼容性来形成或断开连接的网络结构问题。在文章中，Jackson 回顾了以往的不同的网络形成方法，并在此基础上进行了网络结构形成方法的融合，对已存在的成对稳定的网络结构提出了新的结果。另外，在不同的稳定性的定义下，研究了这种网络结构的稳定性和有效性。

Matthew O. Jackson（2005）在 *The Economics of Social Networks*[8] 中，提出了在科学、社会和经济网络中，随机图这一工具的重要性，并运用这一工具提出了几种社会网络的形成模型的观点和两种主要模型：基于随机图的模型和基于博弈理论的模型，并且提出了这两种模型的益处、不足和可能进行改进的方向。

Andrea Galeotti, Sanjeev Goyal, Matthew O. Jackson, Fernando Vega-Redondo 和 Leeat Yariv（2006）在 *Network Games*[174] 中，通过一种网络结构来分析当网络中的邻居结构发生变化时对收益的影响。通过研究，他们对个体在网络中的位置对应的网络结构、博弈的自然法则、信息的水平和个体的行为及收益等都给出了相应的研究结果。

Matthew O. Jackson（2008）在 *Social and Economic Networks*[175] 一书中，总结了复杂网络模型形成的原因，介绍了社会经济网络的形成

背景，网络的随机图模型、增长的网络模型和战略性的网络结构形成，以及网络存在的各种特性和网络的有效性和稳定性。

Myerson、Jackson 和 Wolinsky 的研究激起了在经济网络研究上的重大兴趣。随后研究经济网络模型的有 Aumann，R. 和 R. Myerson（1988）的 *Endogenous Formation of Links Between Players and of Coalitions: an Application of the Shapley Value*[176]，Dutta，B. 和 S. Mutuswami（1997）的 *Stable Networks*[177]，Dutta，B.，A. van den Nouweland，and S. Tijs（1998）的 *Link Formation in Cooperative Structures*[178]、Slikker M. 和 A. van den Nouweland（2000）的 *Network Formation Models with Costs for Establishing Links*[179]。所有这些模型的形成研究都是在静态的环境中进行的。Watts（2001）把这种假设和分析放在了动态环境中，在这种模型中，个体在动态的时间发展过程中决定增加连接或删除已有的连接。相似地，Jackson，M. O. 和 A. Watts（2001）在 *The Evolution of Social and Economic Networks*[180]中考虑了更一般模型的发展。

同时，有另一些关于合作博弈理论的起源研究，Bala，V. 和 S. Goyal（2000a）在 *A Noncooperative Model of Network Formation*[118]、Bala，V. 和 S. Goyal（2000b）在 *A Strategic Analysis of Network Reliability*[182]中运用非合作博弈理论的工具来研究了网络形成。Bala 和 Goyal 假设个体可以单方面地增加或删除连接，也就是说，在两个个体之间增加连线并不需要得到两方都同意。显然，这种假设改变了对参与者的激励方式。因此 Bala 和 Goyal（2000a，b）分析的这个模型与前面提到的模型有本质的区别。这种单方面的连接模型暗含的中心含义是考虑导致纳什均衡的稳定性。随后运用这种方法进行分析研究的有 Goyal，S. 和 J. L. Moraga - González（2001）的 *R&D Networks*[183]，Goyal，S. 和 S. Joshi（2002）的 *Networks of Collaboration in Oligopoly*[184]，Haller，H. and S. Sarangi（2001）的 *Nash Networks with Heterogeneous Agents*[185]以及 Sarangi，S.，R. Kannan 和 L. Ray（2003）的 *The*

基于经济网络的绿色供应链网络结构及博弈均衡分析

Structure of Information Networks[186]。

Bala 和 Goyal（2000a）的网络模型的主要观点与 Jackson 和 Wolinsky（1996）的形成模型相似：个体可以从连线中获得得益但也要为保持连线支付成本。得益结果从有价值的、无竞争的贯穿整个网络的信息中得来。Bala 和 Goyal 区分两种不同的信息流。在第一种方式中，信息只在维持连接的个体传播。在第二种方式中，信息在所有的连接中都进行传递。不受信息流的影响，Bala 和 Goyal 假设，参与者可以自然地选择与谁建立连线，并且建立连接的一方要为此连接付出成本。

假设信息在网络中的流通是没有阻碍的，Bala 和 Goyal 证明网络形成博弈中的纳什均衡过程如下：在第一种方式的连接中，纳什均衡网络或者是空网络，或者是最小连接网络，这种网络有一个特殊的部分，当一个连接被切断时，这一部分就会分散开。类似地，在第二种方法中，均衡网络或者是空网络，或者是最小的两路连接网络，这种网络有一个特殊部分，这部分中没有环也没有两个个体同时维护一个连线。直观地来说，一个网络会达到纳什均衡如果：第一，没有个体连接或者全部个体都进行连接；第二，没有多余的连线。

如果考虑参与者的数量，达到纳什均衡的网络个体数量可以很大。所以需要对严格的纳什均衡定一个限制。这样，在达到纳什均衡的网络中，每一个参与者都可以对其他参与者的策略进行他特别的或最好的反应。如果达到这种结果，那么这组严格的纳什均衡的定义是有很多限制的。Bala 和 Goyal 研究发现，在第一种方法的模型中，符合这种严格纳什均衡定义的只有空网络和环形网络。在第二种方法中，只有空网络和星形网络符合定义。并且这种情况下的星形网络是中心点来维持与其他点的连接，其他任何点都不用维持连接。

环形和星形网络都是有效的，这里的有效是所有个体的总收益达到最大。因此，与 Jackson 和 Watts 的模型相比较，在 Bala 和 Goyal 的模型中，稳定性和有效形式不矛盾的，可以同时存在。这一点表明，环形网络和星形网络可能是网络结构中一个有力的预见模型。

最近进行网络模型试验研究的有 Deck，C. 和 C. Johnson（2002）的 *Link Bidding in a Laboratory Experiment*[187]，Callander, S. 和 C. R. Plott（2003）的 *Networks：An Experimental Study*[188]以及 Falk, A. 和 M. Kosfeld（2003）的 *It's all about Connections：Evidence on Network Formation*[189]。

Vanin, P.（2002）在 *Network Formation in the Lab：A Pilot Experiment*[190]中首先实验模拟了 Jackson 和 Wolinsky 的模型。

Deck，C. 和 C. Johnson（2002）在 *Link Bidding in a Laboratory Experiment* 中的实验研究是源于 Johnson 和 Gilles（2000）的模型，Johnson 和 Gilles 的模型是在 Jackson 和 Wolinsky 模型的基础上加入了空间成本的概念而形成的新模型。

Callander, S. 和 C. R. Plott（2003）在 *Networks：An Experimental Study*[188]的实验中，探讨了在各种方法下网络结构的变革。

Falk, A. 和 M. Kosfeld（2003）在 *It's all about Connections：Evidence on Network Formation*[191]的实验中研究了不同组划分对形成网络结构的影响。

二、经济网络研究的发展趋势

通过对目前的研究现状的分析可以看到，复杂网络模型研究及社会经济网络模型的研究还存在很多尚未明确的问题。在基于随机图理论方面，虽然已有规则网络和随机网络的深入研究，但在动态网络的发展——小世界网络和无标度网络方面的研究还只是在初级阶段。虽然有许多改良的网络模型进行深入探讨，但仍存在多方面的问题亟待解决。

（1）无标度网络形成机制的完善。在无标度网络的演化过程中，不仅有择优和增长的机制，还应该考虑到删除、复制、重连等机制之间的相互影响。除此之外，复杂系统中个体连接的不确定性，也要考虑到网络增长的过程中，使得网络模型与实际网络做到更好的吻合。

（2）网络连接方式对网络结构的影响。网络的连接方式是影响网络结构的最重要因素。如果我们要得到既定的网络结构，如何对网络连接进行设置是最需考虑的问题。到底连接方式对网络结构影响达到什么程度，应该需要进行详细的研究分析，找出影响规律。

（3）加强网络的动力学行为研究及其研究结果的应用。

复杂网络上动力学行为的研究方兴未艾，而且有些分析结果改变了我们对复杂系统的一些动力学行为的看法。在网络的动力学研究上，出现了新的方法和新的研究视角。而为了更深入真实地研究网络的动力学行为，就要加强动力学研究，运用更多的方法进行尝试。更重要的是要把理论研究成果应用到实际系统中，充分发挥理论研究的意义。这也是复杂网络研究方面一个趋势。

另外，在经济网络的建模过程中，对于博弈理论和合作理论的应用也使经济网络模型的发展取得了一定成果，但是还有很多方面的问题值得更深入的研究。

（1）现已存在的网络结构及其成对稳定的定义相近，需要发展一种有远见的、动态的网络稳定性的概念。从有关联合结构文献方面的努力成果来看，这是一个艰难但是有潜力的问题。然而，这是一个非常重要的工具，特别是当把网络模型应用于解决如战略性的贸易联盟问题时。

（2）在现在的模型中，配置规则是在网络形成过程中分离出来的。然而，在许多模型的应用中，我们可以看到贸易中的价值分配与网络结构形成是同时存在的。直观来说，这可以帮助网络有效性的达成。事实上，这种情况确实存在，如 Currarini 和 Morelli（2000）、Mutuswami 和 Winter（2000）等。在这些文章中探讨的模型中运用了给定的个人规定次序来进行网络连接，来了解这些直觉性决策如何深远地影响贸易协议是很有趣的问题。

(3) 博弈论理论有很多强大的工具来研究个体自己了解的社会压力的发展。这些工具对研究网络的动态发展模型是非常有价值的工具。现在有一些文章已开始进行这方面的研究，像研究各种随机扰动和发展压力是如何在长期过程中形成不同的网络结构的（e.g., Jackson and Watts, 1998, 1999; Goyal and Vega - Redondo, 1999; Skyrms and Pemantle, 2000; Droste, Gilles and Johnson, 2000）。这些研究都是从网络结构的自我自然增添的网络初始结构开始的，并且这种发展模型不仅可以对网络的最终结构进行预测，也可以对网络中的个体之间的相互关系进行了解。另外，还应该更多地了解各种动态的和随机的因素对个体的选择、个体间的相互影响和网络结构的影响。

(4) 实证工具变得越来越有力度和被认可，并且可用来解决网络结构的问题，并且有很宽阔的领域需要通过实证的模型来进行检验和测试。实证的和实验的分析在社会学文献中已经出现不少（例如，Bienenstock 和 Bonacic 关于交换网络的实证研究的观察），但在经济学的发展中这种网络结构的研究还仅仅是刚刚开始（e.g., Corbae and Duffy, 2000; Charness and Corominas - Bosch, 2000）。随着这些以动机为基础的网络结构模型变得越来越丰富，并且在很多应用中有很多的点预测，对实证和实验研究在经济网络模型各方面的发展来说是一个重要的机会。

第二节　复杂网络及其统计特性

一、复杂网络

复杂网络是研究复杂系统的重要工具之一。把网络作为一门学科进行研究，学术界的公认看法是从欧拉开创图论学科开始的。实际网络的抽象图表示，就是用抽象的点表示实际网络中的个体，并用图中两个节点之间的连线来表示两个个体之间存在某种联系。但是,在欧拉提出图论之后的相当长一段时间,都没有受到重视。直到1936年出版了其第一部有关图论的专著后,图论才获得发展和重视。特别是到了20世纪60年代,由Erdös和Rényi建立了随机图理论[192],复杂网络理论的系统性研究才正式开始。随后,出现了一些经典的网络模型和相关的网络特性研究。

近年来,对复杂网络的研究方兴未艾,研究从不同角度同时展开,相对而言,关于网络演化机制及演化模型的研究最为活跃,取得了十分骄人的成绩。复杂网络的生成机制指的是网络的形成方式与形成过程,根据生成机制建立的模型称为复杂网络的演化模型。目前,在复杂网络模型方面的研究已经取得了许多可喜的成就,在正式引入本书的工作之前,先对已有的相关工作进行简要的介绍与评述。

(一) 规则网络

粗略地说,网络是节点与连线的集合。如果节点按确定的规则连线,所得到的网络就称为规则网络,如图2-1所示。在很长一段时间里,人们认为真实系统各因素之间的关系可以用一些规则网络表示,如一维链、二维平面上的欧几里得格网等。用得最多的规则网络是由N个节点组成的环形网络,网络中每个节点只与它最近的K个节点连接。在规则网络中,每个节点具有相同的度和簇系数。节点的度分布为δ函数,即$P(k) = \delta(k - K)$;节点簇系数为$K = \dfrac{3(K-2d)}{4(K-d)}$

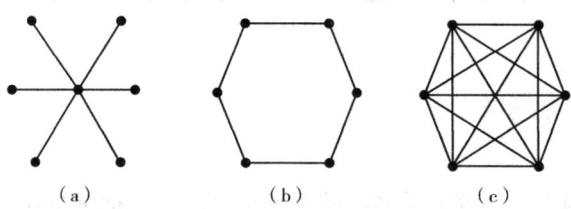

(a) 星形网络;(b) 最近邻网络;(c) 全连接网络

图2-1 规则网络

(d 为网络维数)。其集聚程度较高。一维规则网络的平均路径长度较大,与节点数呈线性比例关系,即 L~N/2K。

(二) 随机网络

如果节点不是按确定的规则连线,如按纯粹的随机方式连线,所得到的网络就称为随机网络,如图 2-2 所示。随机网络最早的典型模型是由匈牙利的 Erdŏs 和 Rényi 研究的 ER 随机图模型。随机网络 ER 模型的描述方式:给定网络节点总数 N 和连线总数 n,而这些连线是从总共 N(N-1)/2 条可能的连线中随机选取的,生成的网络全体记为 G(N, n),构成一个概率空间。这样,可生成的不同网络的总数为 $C_n^{N(N-1)/2}$,它们出现的概率相同,服从均匀分布。网络中两个节点连线的概率为 $p = \frac{2n}{N(N-1)}$。

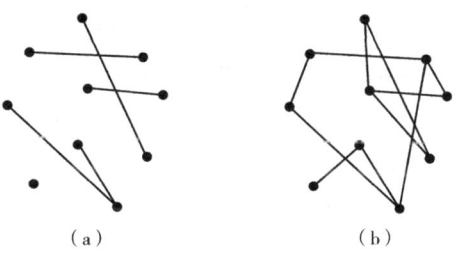

(a) p=0.1, n=10; (b) p=0.25, n=10

图 2-2 随机网络

随机网络 ER 模型的第二种描述方式也即二项式模型:给定网络节点总数 N,网络中任意两个节点以概率 p 连线,生成的网络全体记为 G(N, p),构成一个概率空间。由于网络中连线数目是一个随机变量 X,取值可以从 0 到 N(N-1)/2,由 n 条连线的网络数目为 $C_n^{N(N-1)/2}$,其中一个特定网络出现的概率为 $P(G_n) = p^n(1-p)^{[N(N-1)/2]-n}$。因此,可生成的不同网络的总数为 $2^{N(N-1)/2}$,它们服从二项分布。网络中平均连线数目为 pN(N-1)/2。ER 随机图的节点度服从泊松分布，它具有较小的平均路径长度和较小的簇系数。

因为 ER 模型的网络节点总数 N 是预先给定的，所以它们是静态的、固定的、平衡的网络，也有人称为设计网络。因为这种特性，ER 模型提出后，从 20 世纪 50 年代末到 90 年代末的近四十年里，无明确设计原则的大规模网络主要用这种简单而易于被多数人接受的随机图的拓扑结构来描述，即认为大规模网络的形成过程中，节点间的连接是完全随机的。期间，一些数学家对随机图进行了非常好的研究，通过严格的数学证明，得到了许多近似和精确的结果[193][194]。ER 模型的思想支配人们研究复杂网络长达四十年之久，直到最近几年，由于计算机数据处理和运算能力的飞速发展，科学家们发现大量的现实网络不是完全随机的网络，而是具有其他统计特征的网络。

（三）小世界网络

规则网络是秩序的象征，随机网络是混乱的代表，显示网络不太可能是这两个极端之一，作为从完全规则网络向完全随机网络的过渡，Watts 和 Strogtz[144]于 1998 在《自然》杂志上发表了一篇开创性论文，提出了网络科学中著名的小世界网络概念。

小世界网络的基本模型就是 WS 模型，该模型是由一个节点总数为 N 的环形的规则网络开始，环上的每个节点与两侧各有 m 条连线，然后以概率 p 对每条连线进行重新连接（自连接和重复连接除外），这些重连的边叫"长程连接"，长程连接大大地减小了网络的平均路径长度，而对网络的簇系数影响较小，如图 2-3 所示。WS 模型的建立和生成有其深刻的社会根源，因为在社会系统中，大多数人直接和邻居、同事相识，但个别人也有远方甚至国外的朋友。

WS 模型引发了小世界网络的研究热潮。在 WS 模型提出不久后，Newan 和 Watts[195]就提出了一个改进的模型，在不改变网络中原有连线的情况下，通过随机选择网络中两个节点进行重新连接，即增加长程连接。这个模型比较 WS 模型更有利于进行理论分析，WS 模型由

第二章 经济网络理论

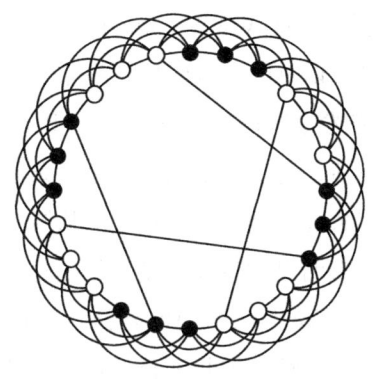

图 2-3 小世界网络拓扑结构示意图[146]

于重改连线,可能会出现孤立集团,但改进模型因为保留了原有连线不会出现这种情况。1999 年,Kasturirangan[196]提出了 WS 模型的一个替代模型,该模型同样始于环状格,然后,在格中间增加节点并与格上的节点随机进行连接,这些随机连接的边充当了 WS 模型中"长程连接"的角色。其实只要在网格中间增加一个新节点并连接到网格边缘足够多的节点上,网络就呈现出小世界特性,Dorogovtsev 和 Mendes[197]对这一情况进行了精确的求解。为进一步研究小世界特性,在二维方格的基础上 Kleinberg[198]提出了 WS 网络的一般化模型,Kleinberg 模型的平均路径长度是可调的。虽然许多现实网络都表现出小世界特性,但它们的形成机制不尽相同。为进一步研究小世界网络的产生机理,Ozik[199]等提出了地理位置择优连接机制,说明小世界的形成是系统增长和局部作用的共同结果。国内的学者杨波、陈忠、段文奇提出了基于个体选择的小世界网络的结构演化[200];刘强、方锦清[201]等通过交叉边的方式探索了一种产生小世界特性的新方法。

(四) 无标度网络

ER 随机图和 WS 小世界模型的一个共同特征就是网络的连接度分布可以近似利用 Poisson 分布来表示,该分部在度平均值 $<k>$ 处有一峰值,然后呈指数快速衰落。但近几年复杂网络研究上的另一重大发现就是许多复杂网络，如 WWW、Internet 等网络的连接度分布具有幂率形式，没有办法以 ER 或 WS 模型进行分析，所以只好需求另一种模型来更好地描述这些网络。1999 年，Barabási 和 Albert[202]通过追踪万维网的动态演化过程，发现了许多复杂网络具有大规模的高度自组织特性，即多数复杂网络的节点度服从幂律分布，又由于这类网络的节点的连接没有明显的特征长度，故把这种具有幂律度分布的网络称为无标度网络。Barabási 和 Albert 认为，以前的网络模型忽略了现实网络的两个重要特性：增长和择优连接，这也是形成无标度网络的两个重要机制，这一观点已被学术界普遍接受。

最原始的无标度网络模型称为 BA（Barabási – Albert）模型或 BA 网络，它是第一个随机的无尺度网络模型。BA 模型的生成规则简单介绍如下：在模型的初始时刻，假定系统中已有少量节点，在以后的每一个时间步内，新增一个节点，并与网络中原来已经存在的一定数目的不同节点进行连接。当在网络中选择已有的节点与新增的节点连接时，选用一种择优连接的方式，即假设被选择的节点与新节点连接的概率和被选节点的度成正比。BA 网络最终演化成标度不变状态，即节点度服从度指数等于 3 的幂律分布，因此，也被称为无标度网络。如图 2-4 和图 2-5 所示。BA 模型的平均路径长度很小，聚

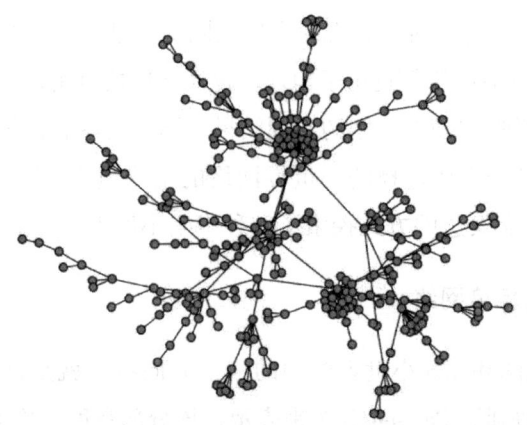

图 2-4　无标度网络拓扑结构示意图

类系数也很小,但与同规模随机网络相比的话,聚类系数要大一些,不过当网络规模趋于无穷大时,这两种网络的聚类系数均近似为零。

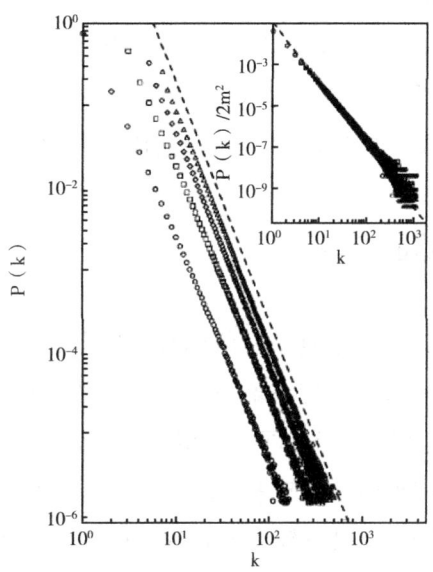

图 2-5　BA 模型网络度分布的模拟结果

注:模拟点数 N=300000;圆圈表示 $n_0 = m = 1$,方块表示 $n_0 = m = 3$,菱形表示 $n_0 = m = 5$,三角形表示 $n_0 = m = 7$,结果 $\gamma = 2.9 \pm 0.1$。虚线表示理论预测 $P(k) = 2m^2 k^{-3}$ 的结果[6]。

(五) 演化网络模型

自 BA 模型被提出后,出现了推广 BA 模型的一个小高潮。因为,BA 模型的精彩之处在于它把实际复杂网络的无标度特性,归结为增长和择优两个非常简单明了的机制,这很好地体现了科学研究中的从复杂现象提取简单本质的特点,但这也不可避免地使 BA 模型和真实网络相比存在一些明显的限制。例如,现实网络大多具有很大的聚类系数,而且度分布指数并非只等于3,而是位于 [2,3] 之间。此外,现实网络常常具有一些非幂率特性,如指数截断、小变量饱和等。因此,对不同的现实网络建立具体的网络模型很有必要,于是网络演化成为近来复杂网络研究的热点之一。人们研究演化网络,主要是通过建立动态演化模型,识别并捕捉对网络拓扑结构形成起作用的影响因素的动态变化过程,从而达到认识网络拓扑结构的目的。在最近几年里,国内的专家学者也进行了关于复杂网络方面的研究[203][204][205][206][207],提出了大量的模型[208][209][210]、对网络特性[211][212][213]也进行了相关研究并且尝试对复杂网络理论在一些领域进行应用[214][215][216][217][218][219]。

二、复杂网络的统计特性

人们已经研究了多个复杂网络的统计特征,其中最常见的几个为:度分布、平均路径长度、聚类系数、介数。从网络统计特征上看,BA 模型所代表的无标度网络模型是基于许多实际网络的度分布具有幂率分布的特点而建立起来的,对于 WS 小世界网络则是想建立一个既类似于规则网络具有较大聚类系数而同时又能具有较小的平均路径长度的网络模型。对于这些特性的研究使得网络研究取得很多方面的进展。下面简单介绍这几种统计特征。

(一) 度分布

度是单独节点的属性中简单而又重要的概念,网络中节点 i 的度 k_i 被定义为与该节点连接的所有其他节点的数目,因此,直观上说,一个节点的度越大就意味着这个节点在某种意义上越重要。网络中所有节点 i 的度 k_i 的平均值被称为网络的平均度,记为 $<k>$ 或 $\bar{k}$。网络中节点的度的分布情况一般用分布函数 $p(k)$ 来描述。$p(k)$ 表示的是在网络中一个随机选定的节点的度恰好为 k 的概率。规则网络一般有简单的度分布,因为所有节点具有相同的度,而完全随机网络的度分布则近似为泊松分布。但是,近几年的大量研究表明,许多实际网络既不存在一个简单的度分布,也明显区别于泊松分布,而是遵循一种具有"胖尾"性质的幂率分布形式:$p(k) \sim k^{-\gamma}$。因为具有幂率

第二章 经济网络理论

度分布的网络没有明显的特征尺度,所以这类网络被称为无标度网络。在一个度分布为具有适当幂指数的大规模无标度网络中,绝大部分的节点度是相对较低的,但同时存在少量的节点的度相对很高的状态,因此,无标度网络也被称为非均匀网络,而其中这些少量的度相对很高的节点被称为网络的"中心节点"。

另一种衡量网络度数据的方法是绘制累积度分布函数:

$$P_k = \sum_{k'=k}^{\infty} P(k') \qquad (2-1)$$

式(2-1)表示的是度不小于 k 的节点的概率分布。这种方法可以用来处理现实网络中度分布的原始数据。通过对大量真实网络研究分析发现,WS 的小世界特性和 BA 模型的无标度特性在真实网络中是真实存在的。

(二)平均路径长度

连接网络中两个节点 i 和 j 之间的最短路径上的边数定义为两个节点之间的距离 d_{ij},所有节点之间的距离的最大值定义为网络的直径 D,即:

$$D = \max_{i,j} d_{ij} \qquad (2-2)$$

网络的平均路径长度 L 定义为网络中任意两个节点之间的距离的平均值,即:

$$L = \frac{1}{\frac{1}{2}N(N+1)} \sum_{i \geq j} d_{ij} \qquad (2-3)$$

如果 i 与 j 之间没有路径,若按无穷大算,则 L 也无穷大,前面的算法就存在不足,有时是将这种情况不计算在内,但也有另有一种较好地能避免此种问题的算法提出:

$$L^{-1} = \frac{1}{\frac{1}{2}N(N+1)} \sum_{i \geq j} d_{ij}^{-1} \qquad (2-4)$$

即,用倒数的平均的倒数,这样若存在路径的无穷大时对 L 也就没有影响了。近期的研究发现,尽管许多实际网络的节点数巨大,网络的平均路径长度却小得惊人,这就是所谓的网络具有小世界效应。

(三) 聚类系数

网络的聚类系数或称簇系数是根据网络的聚类特性定义的。网络的聚类特性是指网络中一个节点的邻居互为邻居的特性。

Watts 和 Strogatz[126]给出的定义是:假设网络中的一个节点 i 有 k_i 条边将它和其他节点相连,这 k_i 个节点就称为 i 的邻居。那么在这 k_i 个节点之间最多可能有 $k_i(k_i-1)/2$ 条连线。而这 k_i 个节点之间存在的边数 E_i 和总的可能的边数 $k_i(k_i-1)/2$ 之比就定义为节点 i 的聚类系数 C_i,即:

$$C_i = 2E_i/k_i(k_i-1) \qquad (2-5)$$

网络的聚类系数就是所有节点聚类系数的平均值。

从几何特点看,Newman,Strogatz 和 Watts[81]给出了另一个定义:首先计算网络中三个连通节点的总数,然后计算网络中三角形的总数,三倍三角形的总数在三个连通节点的总数中所占比例称为网络的聚类系数,即:

$$C_N = \frac{3 \times 网络中三角形的总数}{网络中三个连通结点的总数} \qquad (2-6)$$

从定义可以看出,当 $0 \leq C \geq 1$,$C = 0$ 时网络中不存在连线,所有节点均为孤立节点;当 $C = 1$ 时,网络是全局耦合的,即网络中的任意两个节点都是直接相连的。近期研究发现,很多大规模的世纪网络都具有明显的聚类效应,聚类系数虽小于 1 但比 $O\left(\frac{1}{N}\right)$ 要大得多,说明这些实际的复杂网络并不是完全随机的,而是在某种程度上具有类似与社会关系网络中"物以类聚、人以群分"的特性。

(四) 介数

介数分为节点介数和边介数。在网络的所有最短路径中，通过节点 i 的最短路径的条数就称为节点 i 的介数。相应地，在网络的所有最短路径中，通过某条边的最短路径的条数称其为该边的介数。节点介数反映的是节点在网络中的重要性，节点的介数越大，表明这个节点在网络中的枢纽作用越强，删除这类节点会使大量的节点对之间的路径变长，从而影响网络的平均路径长度，边介数也具有同样的性质。Goh[220]等人对网络中节点介数的分布进行了统计研究，发现介数也遵循幂率分布。

第三节 复杂网络上的博弈演化

经典博弈理论通常假定静态的博弈过程，即使是在考虑具有时间发展序列的重复博弈中，也比较少考虑策略的动态演化特征。直至演化博弈被提出之后，博弈过程中开始考虑作为有限理性的参与者在重复博弈中的动态适应能力和学习能力。随着复杂网络理论的发展，许多学者尝试在网络模型中进行演化博弈的研究。而网络中节点之间的相互连接关系，也使得演化博弈的博弈方从全局变为局部，也即只与具有连线的"邻居"节点进行相互的博弈，并会根据每阶段相连接点的收益（最优选择或较满意选择原则）不断调整自己的策略，这使得空间结构对动态博弈的结果产生了不同于以往传统博弈的结果。因此，近年来，演化网络上的博弈研究成为复杂网络理论与博弈理论研究的热点。在演化网络中的博弈，一方面网络结构会影响个体的收益和策略的选择；另一方面，个体策略的选择和收益的变化又会改变网络的拓扑结构。近年来，为了深入研究这两种过程的相互作用，一些网络结构与博弈策略共同演化机制相继提出：Nowak 和 MaJy[221]运用二维格子网络和"囚徒困境"模型，建立具有空间结构的博弈演化模型，讨论了网络上合作态的密度；Szabó 和 Fáth[222]对网络上的博弈演化成果进行了总结；Hauert 等[223]提出了带有自愿行为的"囚徒困境"模型；Zimmermann 等研究了一个"囚徒困境"和网络结构相互作用的模型；Poncela[224]等提出了一个新颖的增长模型，该模型同时考虑了网络的增长以及博弈策略的动态演化，从而避免了需要事先指定网络结构的缺陷。

本章小结

本章首先对复杂网络理论进行了概述性的介绍，简单回顾了复杂网络理论的研究发展历程以及主要的分析方法。然后介绍了复杂网络理论的主要研究的三个方面的内容，包括复杂网络模型、网络的统计特性以及网络上的动力学行为。在网络模型的介绍中，选择最有代表性的小世界网络模型和无标度网络模型，其中涉及了网络特征中的最基本特征——度，在随后的网络的统计特性介绍中，主要涉及除度外的一些基本特性，包括度分布、平均最短路径、聚类系数以及介数等。这些网络的基本统计特性是复杂网络理论的基本构成知识，也是现实复杂系统存在的共性。最后介绍了网络的动力学行为。网络的动力学行为包括传播动力学、网络的鲁棒性以及网络的策略动态演化等多个方面，本章只介绍了与本书研究内容相关的策略动态演化行为。在后面的第四章和第五章，本书将对供应链网络，研究其动态博弈的演化行为。

基于经济网络的绿色供应链
网络结构及博弈
均衡分析
Chapter 3

第三章 基于社会经济网络的供应链网络结构特性分析

第一节 引　　言

近年来，随着全球一体化和国际贸易的不断深化，市场的多元性需求变化和不确定的内外部环境，使得供应链管理问题日益严峻。为寻求稳定长久的发展，企业间的竞争合作关系呈现网络阶层。在这种情况下，一切有合作关系的企业之间都可能结成联盟，这样的合作关系不但可以增强抵御外来风险的能力，同时也可以实现企业间的信息共享和资源互补，进而增强供应链的整合能力。

在上述分析情况下，随着经济网络理论研究的兴起，很多国内外研究学者利用经济网络理论对供应链网络的演化模型做了较为深入的研究，大多数是基于网络特征的研究。在供应链网络特性研究中，用节点代表企业，边代表企业间的物流、信息流、资金流和合作关系等，把供应链视为一个复杂的网络系统，因此可以运用经济网络的理论研究供应链网络的演化特征。

已有关于供应链网络的研究，对供应链网络的演化特征进行了一定分析，这些分析大多是从宏观的角度进行的，没有细化考虑供应链企业合作中的各种影响因素。本书从宏观结构出发，集合微观的视角，在已有的研究基础上，将供应链网络中企业之间的合作影响因素，包括节点权重、局域选择、企业推出以及网络协调等具体演化行为在网络结构中显示，构建一个基于社会经济网络的供应链加权合作网络演化模型，分析演化特征，进而分析供应链网络上企业的合作演化关系，为供应链网络上企业的管理与优化提供参考意见。

第二节　国内外研究现状

在供应链网络的复杂性研究方面，Li 等在已经进行的 BA 网络模型的研究基础上，对局域世界的演化模型展开进一步的研究。曹文彬等将节点企业合作的边赋予效益，利用边权研究现实供应链所处不同阶段的演化机制，并利用仿真进行了模型验证分析。贺磊等在运用网络中简单的"去边"和"去点"规则计算供应链节点效率的基础上，为有效识别供应链节点的重要性，在突发情况下计算出供应链网络的效率变化，从而能够对供应链网络进行重点且具有针对性的保护。Kasim 等将视角切换到供应链合作伙伴关系，研究表明供应链企业之间建立稳定的合作关系可以创造更高的价值。许乃如等通过对敏捷供应链合作网络关系的复杂网络属性进行分析，阐明敏捷供应链合作关系符合"富者愈富"的特点。钱晓东等引入双段幂律分布的概念到供应链网络的合作演化模型中，并用中国汽车制造业供应链验证了模型的有效性。范碧霞等首先对复杂网络的特性进行了描述，然后剖析了复杂性产生的内在机制，并认为复杂网络理论可以有效地帮助评价和管理供应链。2018 年，丁飞等在 BA 网络模型的基础上引入反择优概率，构建了包含节点进入、退出和合作的网络模型，并利用仿真验证了模型有效性。Venkata 等利用基于演化的自组织理论方法阐述了供应链的复杂网络结构特征、节点成员企业与系统目标之间的联系，并通过仿真分析了供应链网络的复杂结构特性。Pathak 指出供应链是一个典型的复杂适应系统，研究了供应链网络的生长、涌现机制和其影响因素，从而分析供应链网络的动态演化过程。葛伟等在局域世界演化模型的基础上，引入节点相关度作为衡量一个节点与网络中其他节点间相近程度的指标，定义局域世界的整体规模是动态变化的，进而建立了供应链系统的局域演化模型。傅培华等经过具体分析供应链网络的动态演化特性，提出了一种基于度值与连边优先连接的集聚性供应链网络演化模型。吴义生基于系统动力学理论，构建了低碳供应链协同运作的演化模型，并根据自组织原理分析了序参量对于低碳供应链协同运作的影响。孙军艳等从复杂自适应系统角度利用 Agengt 仿真分析了轿车供应链的网络特征，并对轿车供应链系统的非线性特性、各 Agent 和网络整体的演化规律进行了仿真分析。于淼和马军海从制造商与零售商层面建立了一个回收废旧电子产品的闭环供应链模型，运用博弈论、混沌动力学和复杂动力学理论并结合数值实验得出调整参数可以对混沌进行有效的控制。张学龙等利用链路预测方法，并结合 5 种指标对能源供应链网络的连边演化预测进行了分析，并通过实验得出链路预测在分析供应链网演化时比直接建立模型分析更有效。丁飞基于 BA 网络模型构建了一种包括节点进入、退出和补偿机制的供应链网络演化模型，得出节点的度分布服从幂律分布。李柏洲等在引入基于时间度和前景理论的直觉模糊妥协评价模型基础上，考虑了合作创新资源互补性，运用场理论构建了伙伴动态选择的合作创新能力场模型。

综上所述，目前大多数有关供应链网络的研究主要是基于控制理论、系统仿真和供应链协调机制等方面展开的，而面向复杂网络对供应链管理进行的研究还处于起步阶段。因此，本书先是分析了国内外供应链网络演化的相关研究，并基于经济网络理论建立了基于经济网络的供应链网络演化模型，从而以经济网络的角度探究了供应链网络的效率和网络结构特征。

第三节　基于经济网络的供应链网络结构及其特性分析

供应链系统是一个不断动态变化的系统，企业节点之间的合作，也呈现动态变化的过程。网络一般先有少数接连相互连接而建立，随着企业节点不断加入供应链系统中，新旧节点企业会在考虑事件和成本的情况下，选择合适的节点进行连接，进而建立合作关系。以下就选择节点的一些规则和假设进行具体描述。

（1）动态性。一方面因为环境变化的复杂性，另一方面因为企业发展的不确定性,所以供应链系统呈现出不断动态演化的复杂过程。新的企业节点加入时,网络呈现较好的增长机制;在已有节点退出网络后,预支相连接的企业节点会进行网络重构。

(2) 自组织性:供应链系统是由各成员企业通过相互作用而自发形成的。供应链中的每个成员都是根据自身的经营目标以及外部环境,自主地选择自己合适的合作伙伴,并通过契约的形式约束形成一定的供求关系。在这个系统中,不存在中心的控制节点以及中心的控制机制。

(3) 异构性:复杂网络结构的异构性是指网络中的节点连接呈现不均匀的连接。会出现网络中的大部分节点度较小(连接比较少),而少数节点度很大(连接边数量较大)的情况。供应链的网络结构也呈现明显的异构特性。相关的实证研究表明,在现实的供应链系统中,一些核心企业具有大量的供应商和客户(对应网络结构中度较大的节点),而大多数企业只具有固定少量的上下游合作伙伴。

一、基于经济网络的动态供应链网络结构

在根据一般经济网络动态模型的基础上,我们下面来分析在供应链网络有新个体增加的情况下,即随着时间序列的增加,根据不同的条件假设,供应链网络呈现的动态稳定结构和有效结构的条件分析。

供应链的网络结构可以从两个维度进行描述,即水平维度和垂直维度。水平维度指的是供应链系统的层级数,垂直维度指的是每层所具有的实体个数。由于不同的行业特征,决定了在现实中供应链存在长而宽或短而窄的不同结构。本章涉及一般的3层级的供应链网络结构,如图3-1所示。

模型初始假设:

(1) 初始供应链网络中每层含有 m_i 个个体的稳定网络;

(2) 存在一个时间序列 T,T = $\{1, 2, \cdots, t, \cdots\}$,在每一个时间步 t_i,有一个新的节点 i 加入网络中。

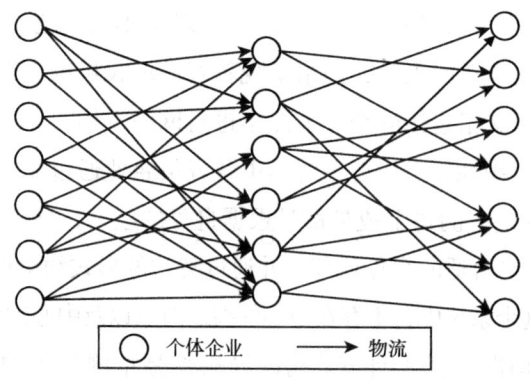

图3-1 典型的具有3个层次的供应链拓扑结构示意图

（3）用 g_{t_i} 表示在 t_i 时刻加入新节点后所达到的网络结构，$u_i(g_{t_i})$ 表示在 t_i 时刻节点 i 的收益；

（4）此时网络的总收益 $v(g_{t_i}) = \sum_{i \in N_{t_i}} u_i(g_{t_i})$。

网络连接规则：

在每个时刻，如果双方同意，那么新节点和邻接层的旧节点之间可以建立一条新的连线。同时，两个邻接层旧节点之间也可以根据可能带来的收益变化进行连线的建立和删除。假设个体都是短视的，因此，每个节点考虑连线的建立或连接都只基于在 t_i 时刻的收益可以增加。

因为模型中考虑到节点总体个数的变化以及因此而产生的网络规模的变化，同时供应链网络结构是有层次性的隶属网络，所以根据房艳君（2007年）动态稳定网络和动态有效网络的定义，进行供应链网络动态稳定性和动态有效性的定义。

定义3-1（供应链网络的动态稳定性）

如果在每个时刻 t_i，网络的稳定结构 g_{t_i} 总是呈现一种网络结构特性（也就是说，g_{t_i} 在每个时刻网络结构的度分布都呈现同一种分布情况），那么网络 g_{t_i} 被称为是动态稳定的。

定义3-2（供应链网络的动态有效性）

如果在每个时刻 t_i，对于任意的 $g'_{t_i} \subset g^{N_{t_i}}$，都有 $v(g_{t_i}) > v(g'_{t_i})$，

并且 g_{t_i} 呈现一种网络结构（也就是说，g_{t_i} 在每个时刻网络结构的度分布都呈现同一种分布情况），那么网络 g_{t_i} 被称为是动态有效的。

二、基于经济网络的动态供应链网络结构的稳定性分析

根据定义 3-1 和定义 3-2，针对供应链动态网络模型的几点研究结果如下：

下面的定理 3-1 和定理 3-2 给出了在供应链动态网络形成过程中所呈现的网络结构，并且得出什么情况下网络结构是动态稳定的，进一步判断动态稳定的结构是否也同时是动态有效的网络。

定理 3-1（供应链网络的动态稳定性）

（i）如果 $\delta - \delta^2 > c > 0$，那么初始网络 g^{N_0} 是稳定网络，每一个新节点与上下层次所有旧节点相连接，则连接网络的网络结构是动态稳定的；

（ii）如果 $\delta < c$，那么初始网络空网络是稳定网络，新加入节点与旧节点没有连线的建立，则空网络是动态稳定网络。

证明：（i）如果 $\delta - \delta^2 > c > 0$，那么从定理 3-1 我们可以得到，在静态环境下供应链网络 g^N 是稳定网络。因此，在初始状态下，网络的稳定结构为 g_m^N。因为 $0 < \delta < 1$ 并且 $\delta - \delta^2 > c > 0$，所以 $\delta - c > \delta^2 > \delta^3 > \cdots > \delta^{n-1}$。然后，在每个时间步，新加入的节点都会愿意与邻接层次的旧节点建立连线，旧的邻接节点也愿意与新节点建立连线，因为建立连线后，从连线中至少可以获得 $\delta - c > 0$ 的收益。同理，已建立连线的旧节点间也不会删除连线，删除连线就意味着收益的减少，因此，无旧连线的删除。如图 3-2 所示，是一个初始节点 $m = 3$，经历 t_0、t_1、t_2、t_3 几个时间步的网络模型。

如果 $(\delta - c) < 0$，根据 Jackson 和 Wolinsky[6] 的结论知道，初始稳定网络为空网络。因此，在 t_0 时刻的初始稳定网络为空网络。在 t_1 时刻加入一个新的节点 i，如果节点 i 遇到旧节点 j，两个节点间可以

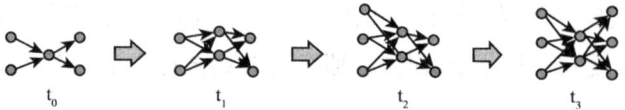

图 3-2 稳定网络 $g^{N_{t_i}}$

建立一条连线,建立连线后,每个节点从连线中获得 $(\delta-c)<0$ 的收益,其前提假设企业个体都是短视的,它们之间会拒绝与邻接连线的建立。因此,在每个时间步内,都没有连线的建立,在此条件下,空网络是动态稳定网络。

定理 3-1 说明,当 $\delta-\delta^2>c>0$ 时,供应链动态稳定网络模型为层级之间的全连接网络,又根据定理 3-2 得知,在此条件下,每个时间步内的有效网络都是与层级之间的全连接网络,因此,唯一的动态有效网络为层级之间的全连接网络 $g^{N_{t_i}}$。

当 $\delta<c$ 时,动态稳定网络是空网络,但是根据 Jackson 和 Wolinsky[6]有关经济网络有效性的定义知,当 $c>\delta+((n_i-2)/2)\delta^2$ 时,空网络不是有效网络;只有当 $c<\delta+((n_i-2)/2)\delta^2$ 时,空网络才是有效网络。

定理 3-2(动态有效性)

如果 $\delta>c$ 并且 $0<\delta-\delta^2<c$ 时,初始稳定网络是星形网络。

(i)如果网络中信息是全部流通的,那么形成过程会聚集成层次中心的聚集网络。

(ii)如果网络中的信息不是流通的,那么网络形成过程会以 $p(star)=\prod_{i=1}^{\infty}\dfrac{1}{i+m}$ 的概率形成层次中心的聚集网络。

证明:(i)如果 $\delta>c$ 并且 $0<\delta-\delta^2<c$,那么根据 Jackson 和 Wolinsky[6]可知初始稳定网络是星形网络。在 t_1 时刻,一个新节点 i 加入网络。我们假设节点 i 首先遇到非层次中心节点 j 并建立一条连线(因为两者均可从连线中获得一定的收益)。当 i 与 j 建立连线后,节点 i 可以从连线中获得其他节点的信息,因此也可以了解到若与网

络层次中心节点 c 连接可获得收益 $(\delta - c) + (m-1)\delta^2 > (\delta - c) + \delta^2 + (m-2)\delta^3$,因为假设个体是短视的,故节点 i 会断开与节点 j 的连线而与层次中心节点 c 相连接。另外,如果节点 i 与层次中心节点 c 相连接,节点 j 可获得 $\delta - c > 0$ 的收益,从已知条件得知,$\delta - c < \delta^2$,故节点 j 也期望节点 i 能与层次中心节点 c 相连接。因此,在 t_1 时刻形成的稳定网络为层次中心的聚集网络。依此类推,在以后各时刻,稳定网络 g_{t_i} 为层次中心的聚集网络结构,因此,层次中心的聚集网络是动态稳定网络。

如果 $\delta > c$ 并且 $0 < \delta - \delta^2 < c$,根据 Jackson 和 Wolinsky[6] 的结论可知初始稳定网络为星形网络。假设 c 是网络层次的中心节点。在 t_1 时刻,新节点 i 加入网络。假设所有个体都是短视的,节点 i 会与遇到的第一个节点 j 建立连线(因为从连线中两个结节点均可获得收益)。因为网络信息是不流通的,所以从与 j 连线中无法获知其他节点的信息,故节点 i 保持与节点 j 的连线。只有在每个阶段 j 都恰好是层次网络中心节点时,供应链网络才能形成层次中心的聚集网络,此时概率为 $p(star) = \prod_{i=1}^{\infty} \frac{1}{i+m}$。

图 3-3 是从初始节点 m=3 而发展的网络,其中,图 3-3a 描绘了信息全部流通的发展模式,网络的动态稳定结构是星形网络;图 3-3b 描绘了网络中信息不流通的模式,形成星形网络的概率为 $p(star) = \prod_{i=1}^{\infty} \frac{1}{i+m}$。

a: free flow of information

b: Not free flow of information

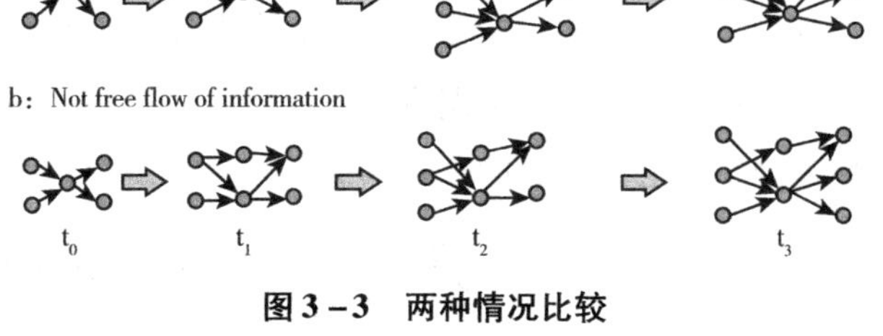

图 3-3 两种情况比较

三、分析结论

我们研究了在假设个体是短视的并且每个时间步都有一个新个体加入的情况下网络模型的形成过程,达到哪种供应链动态稳定网络模型和供应链动态有效网络模型。由前面研究结果得知,当 $\delta - \delta^2 > c > 0$ 时,动态稳定网络结构为层级间的全连接网络,并且同时也是动态有效网络。当 $\delta < c$ 时,动态稳定网络模型为层次中心的聚集网络,此时只有在 $c > \delta + ((n_i - 2)/2)\delta^2$ 时,层次中心的聚集网络才是动态有效网络。当 $\delta > c$ 并且 $0 < \delta - \delta^2 < c$ 时,有两种情况存在:如果网络中信息是流通的,那么动态稳定网络是层次中心的聚集网络;如果网络中的信息是不流通的,那么只以概率 $p(\text{star}) = \prod_{i=1}^{\infty} \frac{1}{i+m}$ 形成层次中心的聚集网络。

本章小结

本章首先对供应链网络复杂性的研究进行了概述性的介绍,简单回顾了供应链网络运用复杂网络理论及经济网络理论的研究发展历程以及主要的分析方法。然后介绍了基于经济网络的动态供应链网络结构分析,分析结论显示,在个体短视的假设下,如果以每一时间步有新个体加入,不同条件下,供应链动态稳定网络模型和供应链动态有效网络模型呈现不同的拓扑结构:当 $\delta - \delta^2 > c > 0$ 时,动态稳定网络结构为层级间的全连接网络,并且同时也是动态有效网络。当 $\delta < c$ 时,动态稳定网络模型为层次中心的聚集网络,此时只有在 $c > \delta + ((n_i - 2)/2)\delta^2$ 时,层次中心的聚集网络才是动态有效网络。当 $\delta > c$ 并且 $0 < \delta - \delta^2 < c$ 时,有两种情况存在:如果网络中信息是流通的,那么动态稳定网络是层次中心的聚集网络;如果网络中的信息是不流通的,那么只以概率 $p(\text{star}) = \prod_{i=1}^{\infty} \frac{1}{i+m}$ 形成层次中心的聚集网络。

基于经济网络的绿色供应链
网络结构及博弈
均衡分析
Chapter 4

第四章 绿色供应链网络的优化模型

基于经济网络的绿色供应链网络结构及博弈均衡分析

第一节 引 言

21世纪，人口、资源与环境三者之间的矛盾日益凸显，在这种条件下，就要求制造业降低其活动对环境的影响。随着我国可持续发展战略的提出，使得制造行业的供应链向绿色供应链演变。目前绿色供应链的概念包括各个方面，其中一个是指绿色制造中供应链系统，这既包括基于供应链的研究，也包括基于环境管理的研究。加上"绿色"一词之后，必须考虑供应链和自然环境管理之间的相互影响和相互作用。绿色供应链的范围包括从供应商到消费者，因此，研究领域包括绿色产品设计、再制造、绿色制造、废物利用、逆向物流和定位运输等方面的内容。绿色供应链传统供应链不同，其中流动的物流不再仅仅是普通的原材料、中间产品和最终产品，而是一种与环境相适应的"绿色"的物流。这就表明，在再生产过程中产生的废品、物料和在流通环节产生的损坏件及被用户淘汰的废旧产品均须做回收处理。这些废旧料、废旧产品或零部件经回收处理后应该再使用，或作为原材料用于在生产，因此，绿色供应链没有终止点，而是不断进行材料的反复使用。图4-1是描述绿色供应链的简化模型[225]。

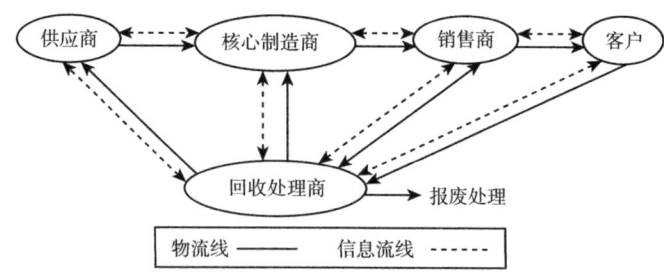

图4-1 绿色供应链的简化模型[177]

现阶段已出现大量关注"绿色供应链管理"的文献。根据最近Srivastava[1]对绿色供应链研究所做的文献综述表明，现阶段对"绿色供应链"的研究存在两个方向：绿色产品设计和绿色运营。本书的研究隶属于第二个方向，主要是考虑绿色制造和再制造[2]，以及废物管理[3]。相关方面的研究有利用反向物流设计来实现再循环[4]，或者是通过优化循环网络来达到"绿色"效果[5]。但是，本书的重点是进行绿色供应链的整体网络结构设计及多目标优化模型的构建。

在供应链管理方面引起研究者广泛关注的领域是"供应链网络"。在这一方面的研究已有大量的成果，如有线性确定性模型[13,14]，也有非线性的随机模型[15,16]。这些模型从不同的角度构建供应链网络结构，并且都参照了相关学者（Vidal and Goetschalckx[17]，Beamon[18]，A. Erenguc et al.[19]，Pontrandolfo and Okogbaa）的网络模型的建构方法。模型建立的过程中角度各自不同，参考的重要因素有运输方式[20]、纳税问题[21]或风险管理[22]，但未发现有从整体收益和成本角度进行整体网络结构分析的。从另一方研究方面观察，现阶段的网络结构模型基本上都是以单一目标进行研究的，现实中的供应链实际是一个多目标问题。本书拟从绿色供应链的整体网络结构出发，把绿色供应链网络的整体收益和个体收益最大化、整体网络成本和个体成本最小化以及浪费最小为目标，构建多目标的绿色供应链网络模型，为绿色供应链网络结构模型提供一种更详细的分析方式。

第二节 绿色供应链网络模型

一、绿色供应链的运营决策

在绿色供应链管理的研究内容中，供应链构建及运营决策是绿色供应链管理的重要方面。对于供应链模型构建的内容前面已详细提到，而绿色供应链的运营决策涉及的实体面很广，除需要像供应链中的实体考虑收益之外，还需要综合考虑环境与行为主体之间的利益等因素，因此，与供应链的决策问题一样，绿色供应链的运营决策是一个典型的多目标决策问题。针对这种多目标决策，Anna Nagurne[226]进行了绿色供应链个体成员之间的决策行为的研究，研究中设定了包含制造商、分销商与顾客三类行为主体的绿色供应链网络结构，运用博弈论的理论与方法对各层次的行为主体的特征进行了分析，在此基础上，建立了多目标决策模型，并针对此多目标决策模型给出了问题解决的相应算法。同时，其他的一些研究方法也被陆续应用，例如，Sarkis J.[227]在其研究中提出运用决策技术层次网络分析方法（ANP）进行绿色供应链的决策分析，基于 ANP 提出了 ANP 的发展模型进而建立了绿色供应链决策的框架模型：该模型中提出了四步骤的决策框架，包括成本识别，机会确定，计算收益，决策、执行和监管。Burnetas 和 Gilbert 研究了供应商在面对多个不相互竞争经销商的情形下，如何设计数量折扣合同的问题。Savaskan 提出了制造商可采用的三种不同的回收渠道回收废旧产品，并应用博弈方法建立了以制造商为主的分散决策模型，通过设计协调机制，研究回收渠道对闭环供应链中成员定价及其利润的影响。王文宾、达庆利[83]考虑消费者及全社会利益的前提下，应用 Stackelberg 博弈理论和最优化理论给出了制造商主导的逆向供应链三种情况（制造商不参与渠道、制造商参与渠道和集中式决策）下的制造商与零售商的利润分配问题，并对这三种分配方案进行了比较。

二、绿色供应链网络模型

根据复杂网络理论，实际网络的抽象图表示，就是用抽象的点表示实际网络中的个体，并用图中两个节点之间的连线来表示两个个体之间存在某种联系。如果节点按照某种（自）组织原则方式连线，将演化成各种不同的网络，称为复杂网络。复杂网络可以用来描述从技术到生物直至社会各类开放复杂系统的骨架，而且是研究它们拓扑

第四章 绿色供应链网络的优化模型

结构和动力学性质的有力工具。

一个具体网络可抽象为一个由节点集 V 和边集 E 组成的图 G = (V, E)。节点数 N = |V|，边数 M = |E|。E 中每条边都有 V 中一对点与之相对应。如果任意点对（i, j）与（j, i）对应同一条边，则该网络称为无向网络，否则称为有向网络。如果给每条边都赋予相应的权值，那么该网络就称为加权网络，否则称为无权网络，书中将要构建的网络为有向无权网络。

考虑一个具有四个层次的绿色供应链网络 G = (N, A)，其中 N 代表网络中的节点集合，A 代表节点之间的连线集合。为方便研究，现假设网络模型中制造企业生产的产品是同质产品。N 包括供应商（S）、制造商（M）、市场与消费者（C）和回收处理商（R）四个层次的个体，即 $N = S \cup M \cup C \cup R$。再假设网络中有 m 个制造商，c 个零售商和市场，r 个处理商，s 个供应商。进一步假设：用 $i \in M(i = 1, \cdots, m)$ 表示制造商，用 $j \in C(j = 1, \cdots, c)$ 来表示市场及消费者，用 $l \in R(l = 1, \cdots, r)$ 表示回收处理商，用 $k \in S(k = 1, \cdots, s)$ 表示供应商，则四个层级的绿色供应链网络结构如图 4-2 所示。

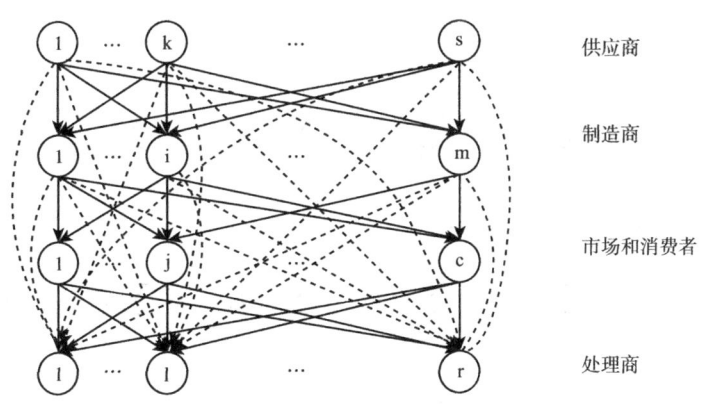

图 4-2 绿色供应链网络结构

从绿色供应链的系统优化角度考虑，系统的目标是达到总收益最大（或总成本最小化），并且使得浪费和污染最小化[20,21]；从企业的

基于经济网络的绿色供应链网络结构及博弈均衡分析

角度分析，企业追求的总目标为收益的最大化和成本的最小化（或利润最大化）[20,21]。在各层级的不同目标的要求下，进行以下参数设定：

p_{ij}：表示不同层级的个体之间交易原材料或商品或回收品的价格；

q_{ij}：表示不同层级中的个体之间交易原材料或商品或回收品的数量；

v_i：表示个体 i 提供物品时的变动成本；

c_{ij}：表示个体 i 与 j 之间进行交易时个体 i 需要花费的成本；

z_i：为减少污染而增加投资从而引起效率提高带来的额外收益；

μ_n：表示个体进行投资的概率用 N 个具有已知概率的情形来描述，情形 n 发生的概率为 μ_n，$0 \leq \mu_n \leq 1$；

e_i：表示每个个体给供应链造成的污染值，并且污染值大小用产品数量及投资综合的概率来表示，即 $e_i = (1 - \mu_n) q_{ij}$。

通过以上分析，针对网络中每个层级上的个体单位，现考虑每个个体需要实现的个体目标是追求利润最大化的情况，则每个层次上的个体目标分别表示如下：

（1）供应商的目标为：

$$\max \sum_{\substack{k \in S \\ i \in M}} p_{ki} q_{ki} - \sum_{\substack{k \in S \\ i \in M}} v_{ki} q_{ki} - \sum_{l \in R} p_{lk} q_{lk} - \mu_n \sum_{k \in S} z_k. \quad (4-1)$$

（2）制造商的目标为：

$$\max \sum_{\substack{i \in M \\ j \in C}} p_{ij} q_{ij} - \sum_{\substack{k \in S \\ i \in M}} p_{ki} q_{ki} - \sum_{\substack{l \in R \\ i \in M}} p_{li} q_{li} - \mu_n \sum_{i \in M} z_i. \quad (4-2)$$

（3）回收处理商的目标为：

$$\max \sum_{\substack{l \in R \\ i \in M}} p_{li} q_{li} + \sum_{\substack{k \in S \\ l \in R}} p_{lk} q_{lk} - \sum_{\substack{j \in C \\ l \in R}} p_{jl} q_{jl} \quad (4-3)$$

另外，从系统角度分析，整个绿色供应链网络需要实现的系统目

标为:

TOBJ1:

$$\max \sum \left(\left(\sum_{\substack{k \in S \\ i \in M}} p_{ki}q_{ki} - \sum_{\substack{k \in S \\ i \in M}} v_{ki}q_{ki} - \sum_{\substack{k \in R \\ }} p_{lk}q_{lk} - \mu_n \sum_{k \in S} z_k \right) \right.$$

$$+ \left(\sum_{\substack{i \in M \\ j \in C}} p_{ij}q_{ij} - \sum_{\substack{k \in S \\ i \in M}} p_{ki}q_{ki} - \sum_{\substack{l \in R \\ i \in M}} p_{li}q_{li} - \mu_n \sum_{i} z_i \right)$$

$$\left. + \left(\sum_{\substack{l \in R \\ i \in M}} p_{li}q_{li} + \sum_{\substack{l \in R \\ k \in S}} p_{lk}q_{lk} - \sum_{\substack{j \in C \\ l \in R}} p_{jl}q_{jl} - \mu_n \sum_{l} z_l \right) \right)$$

(4-4)

TOBJ2:

$$\min \left(\sum_{k \in S} e_k + \sum_{i \in M} e_i + \sum_{l \in R} e_l \right) \quad (4-5)$$

在目标满足过程中,系统受约束的限制条件为:

$$\sum_{\substack{i \in M \\ j \in C}} q_{ij} = \sum_{\substack{k \in S \\ i \in M}} q_{ki} + \sum_{\substack{l \in R \\ i \in M}} q_{li} \quad (4-6)$$

$$\sum_{\substack{j \in C \\ l \in R}} q_{jl} = \sum_{\substack{i \in M \\ j \in C}} q_{ij} \quad (4-7)$$

$$\sum_{\substack{l \in R \\ i \in M}} q_{li} + \sum_{\substack{l \in R \\ k \in S}} q_{lk} \leqslant \sum_{\substack{i \in M \\ j \in C}} q_{ij} \quad (4-8)$$

$$q \geqslant 0 \quad (4-9)$$

其中,条件式 (4-6)、式 (4-7) 为供需均衡的条件;条件式 (4-8) 保证回收产品的数目不超过产品消费的总数目;条件式 (4-9) 是产品的非负约束。

以上系统模型为多目标问题,不宜求解,为进行系统问题的解决,把以上问题转化为目标规划问题。

转化为目标规划问题后,系统模型的目标函数为:

$$\min\{P_o(d_o^- + d_e^+), P_i d_i^-, P_k d_k^-, P_l d_l^-\} \quad (4-10)$$

其中，P 为各运作目标的优先因子，均为足够大的常数；d_e^+ 为系统污染的超出量；d_o^- 为系统利润的未实现量；d_i^-、d_k^-、d_l^- 分别为供应商、制造商、回收商和消费者的目标利润的未实现量，d_j^- 为消费者期望利益的未实现量。

将原系统目标转化为目标约束条件，如下：

$$\sum \left(\left(\sum_{\substack{k \in S \\ i \in M}} p_{ki} q_{ki} - \sum_{\substack{k \in S \\ i \in M}} v_{ki} q_{ki} - \sum_{\substack{l \in R \\ k \in S}} p_{lk} q_{lk} - \mu_n \sum_{k \in S} z_k \right) \right.$$
$$+ \left(\sum_{\substack{i \in M \\ j \in C}} p_{ij} q_{ij} - \sum_{\substack{k \in S \\ i \in M}} p_{ki} q_{ki} - \sum_{\substack{l \in R \\ i \in M}} p_{li} q_{li} - \mu_n \sum_{i \in M} z_i \right)$$
$$\left. + \left(\sum_{\substack{l \in R \\ i \in M}} p_{li} q_{li} + \sum_{\substack{l \in R \\ k \in S}} p_{lk} q_{lk} - \sum_{\substack{j \in C \\ l \in R}} p_{jl} q_{jl} - \mu_n \sum_{l \in R} z_l \right) \right) + d_0^- + d_0^+ = M_0$$

$$(4-11)$$

$$\left(\sum_{k \in S} e_k + \sum_{i \in M} e_i + \sum_{l \in R} e_l \right) + d_e^- - d_e^+ = M_e \quad (4-12)$$

其中，M_o 为系统的期望收益值，M_e 为允许系统排放污染物的最大值。两者均为系统给定的常数。

$$\sum_{\substack{k \in S \\ i \in M}} p_{ki} q_{ki} - \sum_{\substack{k \in S \\ i \in M}} v_{ki} q_{ki} - \sum_{\substack{l \in R \\ k \in S}} p_{lk} q_{lk} - \mu_n \sum_{k \in S} z_k + d_k^- - d_k^+ = M_k$$

$$(4-13)$$

$$\sum_{\substack{i \in M \\ j \in C}} p_{ij} q_{ij} - \sum_{\substack{k \in S \\ i \in M}} p_{ki} q_{ki} - \sum_{\substack{l \in R \\ i \in M}} p_{li} q_{li} - \mu_n \sum_{i \in M} z_i + d_i^- - d_i^+ = M_i$$

$$(4-14)$$

$$\sum_{\substack{l \in R \\ i \in M}} p_{li} q_{li} + \sum_{\substack{l \in R \\ k \in S}} p_{lk} q_{lk} - \sum_{\substack{j \in C \\ l \in R}} p_{jl} q_{jl} - \mu_n \sum_{l \in R} z_l + d_l^- - d_l^+ = M_l$$

$$(4-15)$$

其中，M_k 为供应商的期望利润值，M_i 为供应商的期望利润值，M_l 为回收商的期望利润值。各参数均为根据个体期望给定的常数。

模型的系统约束条件同式（4-6）~式（4-9）：

$$\sum_{\substack{i \in M, \\ j \in C}} q_{ij} = \sum_{\substack{k \in S, \\ i \in M}} q_{ki} + \sum_{\substack{l \in R, \\ i \in M}} q_{li} \qquad (4-16)$$

$$\sum_{\substack{j \in C, \\ l \in R}} q_{jl} = \sum_{\substack{i \in M, \\ j \in C}} q_{ij} \qquad (4-17)$$

$$\sum_{\substack{l \in R, \\ i \in M}} q_{li} + \sum_{\substack{l \in R, \\ k \in S}} q_{lk} \leqslant \sum_{\substack{i \in M, \\ j \in C}} q_{ij} \qquad (4-18)$$

$$q \geqslant 0 \qquad (4-19)$$

第三节　数值算例与分析

假设 $S = M = C = R = 2$，$N = 4$（4 种治理污染的投资情形）并假设同一级别的个体为同质个体，同一层级之间的商品为同质商品。有关参数值如下：优先因子 P_o、P_i、P_k、P_l 分别取 10000、5000、1000、1，系统、制造商、供应商、回收商的期望利润 M_o、M_i、M_j、M_l 分别取为 2.5×10^6、1×10^6、1×10^6、1×10^5，系统污染总值 M_e 的初始值为 1×10^5。投资概率不同情形下的各种产品价格情况如表 4-1 所示。

表 4-1　　　　　　　不同情形及各种价格

情景	μ_n	C	P_{ki}	P_{ij}	P_{jl}	P_{lk}	P_{li}
1	0	35.00	65	100	5	15	20
2	0.2	35.00	80	120	5	20	25
3	0.5	40.00	100	150	5	25	30
4	0.7	45.00	120	190	5	35	40

假设系统是重复性决策过程，根据以上数据，利用 Lingo 19.0 软

件对系统模型进行求解,得到绿色供应链的最优策略组合,如表4-2所示。

表4-2　　不同情形下各层级个体的最优运作策略

项目	情景1	情景2	情景3	情景4
q_{ki}	33333.00	24975.00	20000.00	14285.00
q_{ij}	31700.00	23976.00	19200.00	13713.00
q_{jl}	30115.00	11988.00	4750.00	1370.00
q_{lk}	8034.00	11628.00	4607.00	1329.00
q_{li}	7632.00	0.00	0.00	0.00
回收概率	100%	50%	25%	10%

从表4-2可以看出,当用于减少污染而增加的投资使得产品质量提高时,系统中个体在完成既定目标时产品的数量在减少,同时,当进行对产品污染治理投资而购买新设备时,对产品处置得当,质量提高,也会减少产品的回收使用率,使得产品在使用周期内的使用功能增强。

另外,根据以上所有的参数值,进行仿真计算后得到绿色供应链网络系统和各层级上个体的利润情况和供应链系统的污染情况如表4-3所示。

表4-3　　不同情境下系统各层次达成的目标值

项目	情景1	情景2	情景3	情景4
M_e	2457545.00	2497485.00	2375000.00	2128445.00
M_0	99999	63437	45000	29998
M_i	1543890.00	999000.00	1000000.00	999950.00
M_k	1165650.00	1311180.00	1275000.00	1085655.00
M_l	125240.00	187305.00	100000.00	42840.00

从表4-3可以看出,随着投资概率μ_n的不断增加,系统的总污染量持续下降,并且系统的总利润基本可以保持一种期望状态,个体厂商在减少污染的同时也能保持住期望利润。

第四章 绿色供应链网络的优化模型

本章小结

　　本章从复杂网络的角度构建了多目标的绿色供应链网络模型。首先，构建绿色供应链的四层次网络模型，并在此基础上进行系统目标和各层级个体单位的目标分析，分别给出系统和企业的优化目标，从模型的描述和分析来看，绿色供应链网络结构及系统优化问题包括系统整体最优和各个体目标最优之间的权衡取舍，因此，构成一个多目标的决策问题。在模型结构和目标的分析中发现以下几个方面的问题：（1）绿色供应链网络与传统供应链相比，需要加入考虑从供应商到消费者各层级的浪费和回收处理问题，使系统的浪费值或污染值最小；（2）处在绿色供应链上的各层级个体在追求利润最大和成本最小的同时，也需要考虑尽量减少污染；（3）要想使绿色供应链系统最优，需要在满足各层级个体的目标约束下才能更好实现。这些将有助于进一步研究绿色供应链管理方面的新问题。

基于经济网络的绿色供应链
网络结构及博弈
均衡分析
Chapter 5

第五章　动态博弈下的供应链网络结构分析

第一节 引　　言

供应链是当前企业间主流的组织形式。一个供应链运转的正常与否直接关系着其中每一个节点成员的生产经营活动，进而影响成员的最终效益。正因为如此，Lambert[14]等认为现代企业间的竞争不再是品牌对品牌、库存对库存之间的竞争，而是供应链与供应链之间的竞争。由于供应链中存在众多自治实体，实体间又存在复杂的相互关系，加之外部环境约束，如竞争压力、客户需求波动，使得供应链成为复杂的社会经济系统。虽然供应链的研究取得了大量的成果，但是由于供应链内在的复杂性，研究人员以及实践者从不同的角度进行研究，运用复杂网络工具分析供应链。例如，探讨复杂供应链网络的有效建模[15-18]，分析供应链伙伴间复杂的合作关系[19-26]，对供应链网络的风险进行评估，等等[27-32]。本章与以上各章的分析角度不同，试探运用经济网络的分析工具[229]进行供应链网络的建模及其上的动态博弈分析。

针对上述问题，在第三章的绿色供应链网络的构成基础上，本章首先介绍了供应链的结构和特征，分析了供应链的形成机制。其次，对供应链网络中的模式过程进行假设和构建，从各层级的单个个体开始，分析供应链网络中达到合作均衡的条件。最后，分析均衡对网络结构的要求和影响，该结构模型的提出也为本书后续进行供应链上的个体行为分析研究奠定了基础。

第二节　供应链拓扑结构及特征

供应链的网络结构可以从两个维度进行描述，即水平维度和垂直维度。水平维度指的是供应链系统的层级数，垂直维度指的是每层所具有的实体个数。由于不同的行业特征，决定了在现实中供应链存在长而宽或短而窄的不同结构。本书涉及一般的4个层级的供应链网络结构，如图5-1所示。

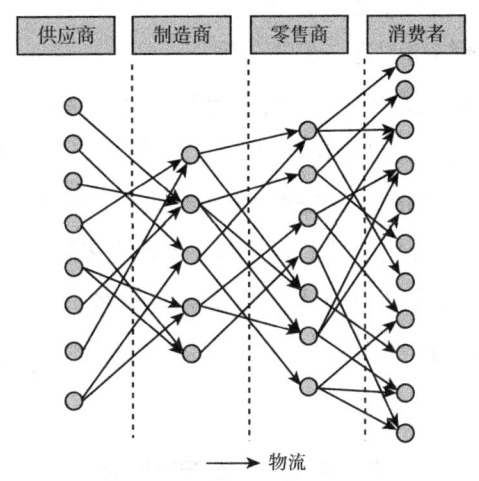

图5-1 典型的具有4个层次的供应链拓扑结构示意图

供应链是由各节点成员为了制造特定产品而形成的一种组织模式。供应链系统具有典型复杂系统的特征。这里主要从结构角度对供应链特征进行简要分析。

（1）自组织性：供应链系统是由各成员企业通过相互作用而自发形成的。供应链中的每个成员都是根据自身的经营目标以及外部环境，自主地选择自己合适的合作伙伴，并通过契约的形式约束形成一定的供求关系。在这个系统中，不存在中心的控制节点以及中心的控制机制。

（2）动态性：供应链系统的内部，随时间变化而不断进行动态演化。一方面，系统中的已有节点企业根据自己所处的内外环境的变动，不断调节选择自己的上下游契约合作伙伴或退出系统；另一方面，随着时间的推移，不断有新的节点加入系统中来。因此，供应链系统的动态特征十分显著。

（3）复杂性：供应链的结构复杂性体现在多个方面。从供应链的结构观察，至少包括供应商、制造商、分销商、零售商、顾客以及回收商等不同层级的节点集合。同时，不同层级之间的节点的连接影响因素各不相同，节点企业之间的相互连接关系存在大量的非线性因素，导致供应链结构的进一步复杂化。

（4）异构性：复杂网络结构的异构性是指网络中的节点连接呈现不均匀的连接。会出现网络中的大部分节点度较小（连接比较少），而少数节点度很大（连接边数量较大）的情况。供应链的网络结构也呈现明显的异构特性。相关的实证研究表明，在现实的供应链系统中，一些核心企业具有大量的供应商和客户（对应网络结构中度较大的节点），而大多数企业只具有固定少量的上下游合作伙伴。

第三节　模型描述

一、供应链网络结构构成

一般来说，复杂网络中考虑具有有限个体 $N = \{1, \cdots, n\}$ 之间具有相互连接关系而构成的系统，用节点和连接关系统一表示 $G = (N, g)$。但供应链网络是存在不同层级的。每个层级是功能相似实体的集合，因此，一个供应链系统可以有组成系统的所有层级集合构成，即：

$$Gsc = \{T_1, T_2, \cdots, T_i, \cdots, T_n\} \qquad (5-1)$$

其中，T_i 表示一个层级，n 为供应链系统中层级的个数。供应链的每个层级是由功能相同的实体构成的，因此，每个层级又可以定义为功能相似体的集合，即：

第五章 动态博弈下的供应链网络结构分析

$$T_i = \{e^1_i, e^2_i, \cdots, e^j_i, \cdots, e^m_i\} \tag{5-2}$$

其中，e^j_i 表示 T_i 中的第 j 个实体，m 为该一层级中的实体总数。

在供应链系统中，既存在物流的流动，又存在资金流的流动，不同层级之间的个体间如果发生物流，就会存在反向的资金流动，我们把物流和反向的资金流动关系一致化，使网络呈现无向网络的特征。对此关系，给出的基本描述为：

$$e^i_i \leftrightarrow e^j_{i+1} \tag{5-3}$$

式（5-3）表示供应链中的物流从 T_i 中的实体 e^i_i 流向 T_{i+1} 中的实体 e^j_{i+1}，同时资金流从 T_{i+1} 中的实体 e^j_{i+1} 流向 T_i 中的实体 e^i_i。

二、博弈过程假设

在时间是独立同分布的情况下，假设 e^i_i 实体从 e^j_{i+1} 实体进行资金回收的折现系数为 $\delta_{e^i_i}$。在每个时间段内，e^i_i 实体拥有提供给 e^j_{i+1} 实体高质量物流能力的概率为 μ，不具备提供高质量物流能力的概率为 $1-\mu$，同时，假设 μ 是在整个博弈过程中存在的公共知识。为简化博弈过程分析，进一步假设在进行物流输送的过程中，如果在交易过程中 e^i_i 向 e^j_{i+1} 提供高质量的物流，那么 e^i_i 可以获得的利润为 $\pi_{e^i_i}$，同时需要承担相应的成本记为 $c_{e^i_i} \geq 0$。在网络中，与 e^i_i 具有连接关系的 T_{i+1} 中的实体集合标记为 $T^{e^i_i}_{i+1}$。再次假设 $g^{e^i_i}(d)$ 是实体具有度为 d 的可能性，$G^{e^i_i}$ 是 $g^{e^i_i}(d)$ 的累积分布函数。

那么 e^i_i 实体和 e^j_{i+1} 实体动态的博弈过程完全取决于网络的结构，其博弈过程描述如下：

基本假设 5.1：在每一个阶段，e^i_i 实体和 e^j_{i+1} 实体的连接都是随机的，也就是独立同分布的。同时，e^i_i 实体和 e^j_{i+1} 实体之间进行连接就意味着物流和资金流在两实体之间产生。

e^i_i 实体和 e^j_{i+1} 实体之间产生物流和资金流的过程中，对于个体进行博弈过程中选择合作策略的定义如下：

定义 5.1：e_i^j 实体向 e_{i+1}^j 实体进行物流提供时，如果没有高质量的物流，则如实告诉 e_{i+1}^j 实体；如果有高质量的物流，则在进行连接过程中一定会提供高质量的物流。同时，e_{i+1}^j 实体只会与具有高质量物流的 e_i^j 实体产生连接。

如果 e_i^j 实体没有高质量物流却向 e_{i+1}^j 实体谎称具有高质量物流或 e_i^j 实体具有高质量物流却提供低质量物流，在本时间段内，e_i^j 实体可以达到得到一个阶段内的最高收益 $\prod^{e_i^j, T_{i+1}}$，那么在下一时间段，e_{i+1}^j 实体会断开与 e_i^j 实体的连接，此时，看作 e_i^j 实体受到惩罚。

第四节　个体利益设定

一般的动态博弈过程，对于给定的个体结构描述，网络中会形成的存策略纳什均衡规定如下：

对于个体行动的描述 $\mathbf{a} \in A = A_1 \times \cdots \times A_n$，那么存在：

$$u_i(a_i, \mathbf{a}_{-i}, g) \geq u_i(a_i', \mathbf{a}_{-i}, g) \quad (5-4)$$

其中对任意 i，$a_i' \in A$。

个体节点的收益获得取决于相连个体的行为，因此，个体 i 的收益只会取决于 a_i 和 $\{a_j\}_{j \in N_i(g)}$，对于任意的 i、a_i 和 g，当 $\mathbf{a}_j = \mathbf{a}_j'$，其中 $j \in N_i(g)$ 都存在如下关系：

$$u_i(a_i, \mathbf{a}_{-i}, g) \geq u_i(a_i, \mathbf{a}_{-i}', g) \quad (5-5)$$

在本章的研究中，个体相连接过程产生的现值收益表示为 FV，FV 会对博弈均衡与网络博弈产生相互相应：（1）未来收益的情况会决定博弈均衡是否存在，因此决定供应链网络稳定结构是否存在；（2）供应链结构也会影响 FV 的大小，进而影响博弈均衡的出现。

第五节 供应链网络中的博弈均衡分析

为了使模型更有一般性,我们从每层具有一个实体的网络开始分析。

一、单个体供应链网络的动态博弈分析

考虑一个4层级各层级都只有一个实体存在的供应链网络(原始的供应链),物流提供个体具有概率为 μ 的提供高质量物流的能力,同时提供对象只有一个。因为提供高质量物流的概率为 μ,所以 e_i^i 实体就以概率 μ 获得收益 $\pi_{e_i^i} - c_{e_i^i}$。同时根据网络设定的如果 e_i^i 实体选择背叛策略受到惩罚时,造成的损失是下时间段内与 e_{i+1}^j 实体连接产生收益的现值,即 $FV = \dfrac{\delta_{e_i^i}}{1 - \delta_{e_i^i}} \cdot \mu \cdot (\pi_{e_i^i} - c_{e_i^i})$,那么可以得到如下结论:

结论 5.1:供应链网络中的 e_i^i 实体与 e_{i+1}^j 实体之间可以达到均衡,当且仅当:

$$\frac{\delta_{e_i^i}}{1 - \delta_{e_i^i}} \cdot \mu \cdot (\pi_{e_i^i} - c_{e_i^i}) \geqslant \prod\nolimits^{e_i^i, T_{i+1}} \quad (5-6)$$

证明:当未来收益值的现值高于背叛策略下的收益值时,在下一阶段保持连接是 e_i^i 实体的最佳策略。若想保持下一时间段与 e_{i+1}^j 实体的连接,本时间段内的博弈策略必须选择合作。因此,让实体保持合作均衡的必要条件就是惩罚足够大。

二、供应链网络中的博弈均衡分析

考虑一个度分布为 G,对于 $e_i^i \in T_i$,其度为 $d_{e_i^i}$ 的供应链网络 Gsc

（简写为 s）。用 $T^d(s, e_i^i)$ 表示度为 d 的提供物流的 e_i^i 的集合，同时假设：

$$\{FV_{e_i^i, e_{i+1}^j}(T^\infty(s, e_i^i))\}_{e_i^i \in T_i, e_{i+1}^j \in T_j} \equiv \lim_{d \to \infty} FV_{e_i^i, e_{i+1}^j}(T^d(s, e_i^i)) \quad (5-7)$$

那么，我们可以用 $\{FV_{e_i^i, e_{i+1}^j}(T^\infty(s, e_i^i))\}_{e_i^i \in T_i, e_{i+1}^j \in T_j}$ 来进行供应链网络中合作均衡出现的判断主要指标。

结论 5.2：对于任何的供应链网络 s，如果网络的度分布 G 有限的分布，并且网络的收益值 $\{FV_{e_i^i, e_{i+1}^j}(T^\infty(s, e_i^i))\}_{e_i^i \in T_i, e_{i+1}^j \in T_j}$ 存在，那么对于随时间增长的供应链网络，网络中合作均衡会出现，当且仅当：

$$\frac{\delta_{e_i^i}}{1 - \delta_{e_i^i}} \cdot FV_{e_i^i, e_{i+1}^j}(T^\infty(s, e_i^i)) \geqslant \prod^{e_i^i, T_{i+1}} \quad (5-8)$$

证明：假设 e_i^i 实体与 e_{i+1}^j 实体在网络中存在连接，如果 e_i^i 实体选择背叛策略，那么其期望收益为 $\prod^{e_i^i, T_{i+1}} + \delta_{e_i^i} \bar{u}_{e_i^i}(s \setminus (e_i^i, e_{i+1}^j)) - \delta_{e_i^i} u_{e_i^i}^c(s)$。因此，对于 e_i^i 实体来说，让其保持选择合作策略的必要条件为：

$$IC_{e_i^i}(s) \equiv \min_{e_{i+1}^j \in T_{i+1}^{e_i^i}} \{\delta_{e_i^i}(u_{e_i^i}^c(s) - u_{e_i^i}^c(s \setminus (\bar{e}_i^i, e_{i+1}^j))) - \prod^{e_i^i, T_{i+1}}\} > 0 \quad (5-9)$$

随着时间的变动，节点为简单递增数列，对式（5-9）进行整理，可得到结论 5-2 的内容，结论得证。

从结论 5-2 可以看出，在多节点供应链网络中，如果想要网络出现合作均衡，就需要注意以下两个方面：（1）如果在供应链系统中，背叛的最高收益 $\prod^{e_i^i, T_{i+1}}$ 既定，如果 $FV_{e_i^i, e_{i+1}^j}(T^\infty(s, e_i^i))$ 足够高，那么即使折现率 $\delta_{e_i^i}$ 低一些，也可以保证合作均衡的出现；（2）如果在供应链系统折现率 $\delta_{e_i^i}$ 既定，那么即使背叛的最高收益

$\prod^{e_i^i, T_{i+1}}$ 比较高,只要收益值 $FV_{e_i^i, e_{i+1}^j}(T^\infty(s, e_i^i))$ 足够高,也可以使网络出现合作均衡。

第六节 供应链网络结构与博弈均衡分析

在前面讨论了让供应链网络出现合作均衡的基本条件,在此条件下,供应链网络的 s 的结构与合作均衡条件的基本要素 $FV_{e_i^i, e_{i+1}^j}(T^\infty(s, e_i^i))$ 之间也存在相互的影响,什么样的结构更容易使实体之间合作均衡,需要做进一步的讨论分析。在经济网络中,如果连接节点 e_i^i 与 e_{i+1}^j 各自的度都比较高,我们称为"强合作";如果是 e_i^i 的度很高,而节点 e_{i+1}^j 的度很低,那么我们称两者之间的合作为"弱合作"。而在一个供应链网络中,如果各节点的度相类似,那么我们称这种网络呈现"均衡稳定的竞争"。

在进行节点度分布的对合作均衡影响分析时,我们需要先进行以下假设:假设 e_i^i 与 e_{i+1}^j 在 t 时间内会进行连接的概率为 $P(I_{T^d(s, e_i^i, e_{i+1}^j)}^t (e_i^i, e_{i+1}^j))$,那么个体 e_i^i 从 e_{i+1}^j 处得到的现值收益就应该改写为:

$$FV_{e_i^i, e_{i+1}^j}(T^\infty(s, e_i^i)) = \mu \cdot (\pi - c_{e_i^i}) \cdot P(I_{T^d(s, e_i^i, e_{i+1}^j)}^t (e_i^i, e_{i+1}^j))$$
$$\cdot \prod_{e_{i+1}^r \in T_{i+1} \setminus e_{i+1}^j} [1 - P(I_{T^d(s, e_i^i, e_{i+1}^r)}^t (e_i^i, e_{i+1}^r))]$$
$$(5-10)$$

在供应链网络的动态发展中,当 e_{i+1}^j 的度很大时,承担的物流量已经比较大,在此情况下,e_i^i 想要与之建立连接就会边的比较困难,建立连接的概率会减少,因此,我们假设如果存在 $d_{e_{i+1}^r} \geq d_{e_{i+1}^j}$,那么 e_i^i 与两个节点连接概率之间存在以下关系:

$$P(I_{T^d(s, e_i^i, e_{i+1}^r)}^t (e_i^i, e_{i+1}^r)) \leq P(I_{T^d(s, e_i^i, e_{i+1}^j)}^t (e_i^i, e_{i+1}^j)) \quad (5-11)$$

那么供应链网络节点度的大小与节点收益的相互影响关系如下:

结论5.3：

（1）对于节点 e_{i+1}^j，$e_{i+1}^r \in T_{i+1}$，如果存在 $d_{e_{i+1}^r} \geq d_{e_{i+1}^j}$，那么 $FV_{e_i^j,e_{i+1}^r}(T^\infty(s,e_i^i)) \leq FV_{e_i^i,e_{i+1}^j}(T^\infty(s,e_i^i))$。

（2）对于节点 e_i^i，$e_i^k \in T_i$，e_{i+1}^j，$e_{i+1}^r \in T_{i+1}$，如果存在 $d_{e_i^k} \geq d_{e_i^i}$ 且 $d_{e_{i+1}^r} = d_{e_{i+1}^j}$，那么 $FV_{e_i^k,e_{i+1}^r}(T^\infty(s,e_i^k)) \leq FV_{e_i^i,e_{i+1}^j}(T^\infty(s,e_i^i))$。

证明：由式（5-11）知，当 $d_{e_{i+1}^r} \geq d_{e_{i+1}^j}$ 时，$P(I_{Td(s,e_i^i,e_{i+1}^r)}^t(e_i^i,e_{i+1}^r)) \leq P(I_{Td(s,e_i^i,e_{i+1}^j)}^t(e_i^i,e_{i+1}^j))$，又有方程（5-10）推出 $FV_{e_i^k,e_{i+1}^r}(T^\infty(s,e_i^k)) \leq FV_{e_i^i,e_{i+1}^j}(T^\infty(s,e_i^i))$，结论5.3中的（1）得证。进一步地，当 $d_{e_{i+1}^r} = d_{e_{i+1}^j}$ 时，与同一节点连接相类似，当 $d_{e_i^k} \geq d_{e_i^i}$ 时，存在 $P(I_{Td(s,e_i^k,e_{i+1}^r)}^t(e_i^k,e_{i+1}^r)) \leq P(I_{Td(s,e_i^i,e_{i+1}^j)}^t(e_i^i,e_{i+1}^j))$，根据方程（5-10）得出 $FV_{e_i^k,e_{i+1}^r}(T^\infty(s,e_i^k)) \leq FV_{e_i^i,e_{i+1}^j}(T^\infty(s,e_i^i))$，结论5.3中的（2）得证。

通过结论5.3可以看出，对于实体节点 e_i^i，如果想要连接的实体节点 e_{i+1}^j 度很高的情况下，因连接概率较少造成期望收益较低，因而使得节点 e_i^i 会寻找其他的连接节点以保证自己的收益。

再令：

$$\underline{FV}_{e_i^i}(s) \equiv \min_{e_{i+1}^j \in T_{i+1}} \{FV_{e_i^i,e_{i+1}^j}(T^\infty(s,e_i^i))\} \quad (5-12)$$

那么从结论（5-3）可知，如果 $d_{e_{i+1}^j}$ 比较大，那么 $FV_{e_i^i,e_{i+1}^j}(T^\infty(s,e_i^i))$ 的值会比较小，这就会造成 $d_{e_{i+1}^r}$ 的连接会变多，因而 e_{i+1}^r 的度也会变大。因此，对于具有较大 $\underline{FV}_{e_i^i}(s)$ 的网络来说，网络中实体之间的连接就会保持相类似的度大小。

本章小结

本章运用经济网络动态博弈的相关理论，分析供应链网络中合作均衡出现的必要条件，从分析可以得出，网络中的合作均衡受到背叛

的最高收益 $\prod^{e_i^i,T_{i+1}}$、$FV_{e_i^i,e_{i+1}^j}(T^\infty(s,e_i^i))$ 以及折现率 δ_{e_i} 的影响，如果想要网络出现合作均衡，就需要注意以下两个方面：（1）如果在供应链系统中，背叛的最高收益 $\prod^{e_i^i,T_{i+1}}$ 既定，如果 $FV_{e_i^i,e_{i+1}^j}(T^\infty(s,e_i^i))$ 足够高，那么即使折现率 δ_{e_i} 低一些，也可以保证合作均衡的出现；（2）如果在供应链系统折现率 δ_{e_i} 既定，那么即使背叛的最高收益 $\prod^{e_i^i,T_{i+1}}$ 比较高，只要收益值 $FV_{e_i^i,e_{i+1}^j}(T^\infty(s,e_i^i))$ 足够高，也可以使网络出现合作均衡。

进一步，本章还探讨了合作均衡的重要影响因素 $FV_{e_i^i,e_{i+1}^j}(T^\infty(s,e_i^i))$ 对供应链网络结构的影响，分析发现对于具有较大 $\underline{FV_{e_i}}(s)$ 的网络来说，网络中实体之间的连接就会保持相类似的度大小。

第六章 基于动态博弈的供应链网络效率分析

基于经济网络的绿色供应链网络结构及博弈均衡分析

第一节 引 言

在全球化竞争的格局下,同行业的企业存在一种趋同化的发展趋势。企业如果想在激烈的竞争中取得优势,必须同自己所在供应链的其他上下游企业共同合作,保证自己的利益获得。因此,现在的企业竞争不再是企业与企业之间的个体竞争,已经演变成为供应链系统之间的竞争。供应链系统之间的竞争结果如何取决于供应链的运行效率,因而供应链的运行效率研究成为供应链管理的一个重要研究方向。在绿色供应链管理中,确定供应链结构是一项重要但是非常复杂的工作,并且供应链的系统结构对供应链的运作绩效起着决定性的作用。现阶段,对有关绿色供应链结构的研究已出现不少,包括针对供应链的主导模式,国内外学者进行了制造商主导或零售商主导的闭环供应链系统研究。Savaskan[230]讨论了集成式逆向供应链和分散式逆向供应链下的回收模式和策略;Majumder[231]主要研究了第三方再制造商的再制造产品可替代初始产品所导致的竞争情况;Vlachos[232]主要探讨了对邮购、网上购物或电子商务中发生的退货进行分类处理,建立随机市场需求下单周期产品的订货决策模型,并得到不同情形下的最优订货策略。同时,不少学者也从不同角度对供应链稳定性和供应链效率进行了分析。Bhatnagar[233]分析了对供应链竞争力产生影响的重要因素和供应链的不确定分析;Paul[234]进行了供应链风险控制的分析;黄祖庆等[235]进行了直线型再制造供应链决策结构的效率分析;赵树宽等[236]进行了汽车业供应链技术效率评价的研究;公彦德[237]分析了不同主导模式下回首补贴对闭环供应链决策、稳定性和效率的影响。然而以上这些研究的框架是单一阶段的供应链模式,没有讨论供应链网络结构下的决策和效率的相关问题,同时以上研究只进行一步合作分析,而在实际供应链运作过程中,是多阶段动态博弈

第六章 基于动态博弈的供应链网络效率分析

的运作过程。

为了进一步分析供应链网络结构下的运行效率的影响因素，本章在文献［188］研究的基础上，根据第三章和第四章的研究结果，进行绿色供应链网络的效率分析。其旨在根据多阶段的动态博弈，以及网络结构中的形成机制，探讨绿色供应链网络的运行效率及影响网络运行效率的重要因素。

第二节 模型描述

考虑一个绿色供应链网络 $G=(N,A)$，其中 N 代表网络中的节点，A 代表节点之间的连线。为方便研究，假设网络模型中制造企业生产的是同质产品。因为进行绿色供应链回收产品条件下的供应链效率分析，因此只考虑 N 为包括制造商、零售商和消费者三个层次的个体，即 $N=M\cup R\cup C$。再假设网络中有 m 个制造商，r 个零售商，c 个消费者。进一步假设：用 $i(i=1,\cdots,m)$ 表示制造商，用 $j(j=1,\cdots,r)$ 表示零售商，用 $k(k=1,\cdots,c)$ 表示消费者，则三个层级的绿色供应链网络结构如图 6-1 所示。

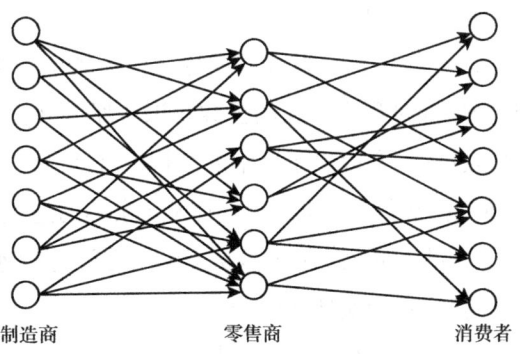

图 6-1　三层级绿色供应链网络结构

一、模型基本假设

前面已提到,在该绿色供应链网络中,涉及的交易产品为同质产品,所以可以进行以下假设。

有关正向物流的相关假设:对制造商来说,新产品如果使用原材料生产,那么单位成本为 C_m,如果使用回收产品的可用部件进行生产,那么单位成本为 $\underline{C}_m$,同时存在 $C_m > \underline{C}_m$ 且令 $\Delta = C_m - \underline{C}_m$;生产商的产品通过零售商进行销售,制造商销售给零售商个体的价格一致为 P_{mr},零售商给消费者的价格一致为 P_{rc} 且 $P_{mr} \leq P_{rc}$,零售商的单位销售成本一致为 C_r;因为产品的同质性,市场的需求只与零售商的销售价格有关,并且假设单对节点之间的产品需求是线性的,故需求曲线为 $Q = \alpha - \beta P_{rc}$,其中 $\alpha, \beta > 0$。

二、博弈过程假设

在时间是独立同分布的情况下,假设 i 实体和 j 实体进行连接产生产品的交易。实体进行资金回收的折现系数为 $\delta(0 < \delta < 1)$。在每个时间段内,i 实体和 j 实体考虑以整体利润最大化进行合作的概率为 $\varphi(0 \leq \varphi \leq 1)$,以各自利益为重不进行合作的概率为 $1 - \varphi$,同时,假设 μ 是在整个博弈过程中存在的公共知识。那么 i(j) 实体从 j(k) 实体动态的博弈过程完全取决于网络的结构,其博弈过程描述如下:

基本假设 6.1:在每一个阶段 i 实体从 j 实体的连接都是随机的,也就是独立同分布的。同时,i 实体从 j 实体之间进行连接就意味着正向物流和逆向物流在两实体之间产生。

i(j) 实体从 j(k) 实体之间产生物流的过程中,对于个体进行博弈过程中选择合作策略的定义如下:

定义 6.1:i 实体和 j 实体达成协议,实现系统整体利益的最大化，对系统利益进行分配，生产商获取利润占总利润的 μ，零售商获取利润为总利润的 $1-\mu$，此时两实体各采取了合作策略（C）。

如果 i、j 实体任一方在实际运作过程中背弃协议，只采取实现自身利益最大化的决策，那么称其为采取了背叛策略（D）。在本时间段内，背叛方可以得到一个时间段内的较高收益，但是在下一时间段，被背叛方会断开与之的连接，此时，看作背叛者受到惩罚。

由以上假设，根据文献［188］，制造商的利润 π_M 和零售商的利润 π_R 分别为：

$$\pi_M = (P_{mr} - C_m)(\alpha - \beta P_{rc}) \qquad (6-1)$$

$$\pi_R = (P_{rc} - P_{mr} - C_r)(\alpha - \beta P_{rc}) \qquad (6-2)$$

第三节　单阶段合作与背叛下的决策分析

一、单阶段合作下的决策分析

如前所述，在该供应链网络中，节点对之间进行合作决策的状态是双方协议使得系统利益最大化，实现系统利润最大化，即实现总利润 π 的最大化：

$$\max_{P_{rc},\lambda} \pi = \pi_M + \pi_R = [P_{rc} - C_m - C_r](\alpha - \beta P_{rc}) \qquad (6-3)$$

若要 π 取得最大值，需令：

$$d\pi/dP_{rc} = 0 \qquad (6-4)$$

求解式（6-3）、式（6-4），可得：

$$P_{rc1}^* = \frac{\alpha + \beta(C_m + C_r)}{2\beta} \qquad (6-5)$$

$$P_{mr1}^* = \frac{\mu[\alpha - \beta(C_m + C_r)] + 2\beta C_m}{2\beta} \qquad (6-6)$$

$$\pi_1^* = \frac{[\alpha - \beta(C_m + C_r)]^2}{4\beta} \quad (6-7)$$

在 t 时间段内,生产商和销售商可分配的利润值为:

$$\pi_{M1}^*(t) = \mu\pi_1^* = \mu \cdot \frac{[\alpha - \beta(C_m + C_r)]^2}{4\beta} \quad (6-8)$$

$$\pi_{R1}^*(t) = (1-\mu)\pi_1^* = (1-\mu) \cdot \frac{[\alpha - \beta(C_m + C_r)]^2}{4\beta} \quad (6-9)$$

二、单阶段背叛下的决策分析

在生产商选择背叛策略时,生产商追求自身利润最大化,根据交易的先后顺序,则知道此时制造商和供应商均以自身利润的最大化为目标,运用逆向归纳法求解,因此,首先考虑第 2 阶段的零售商的最优决策。令:

$$d\pi_R/dP_{rc} = 0 \quad (6-10)$$

解方程可得:

$$P_{rc2}^* = \frac{\alpha + \beta(P_{mr} + C_r)}{2\beta} \quad (6-11)$$

把方程 (6-11) 的结果代入方程 (6-1),解得:

$$P_{mr2}^* = \frac{[\alpha - \beta(C_r - C_m)]}{2\beta} \quad (6-12)$$

把式 (6-11)、式 (6-12) 带回方程式 (6-1)、式 (6-2) 解得:

$$\pi_{M2}^*(t) = \frac{[\alpha - \beta(C_m + C_r)]^2}{8\beta} = \frac{1}{2} \cdot \pi_1^* \quad (6-13)$$

$$\pi_{R2}^*(t) = \frac{[\alpha - \beta(C_m + C_r)]^2}{16\beta} = \frac{1}{4} \cdot \pi_1^* \quad (6-14)$$

销售商选择背叛策略：在销售商选择背叛策略时，令销售商追求利润最大化，根据前面分析的零售商的最优决策得知：

$$P_{rc3}^* = \frac{\alpha + \beta(P_{mr3} + C_r)}{2\beta} \quad (6-15)$$

根据交易的先后顺序，则知道交易时制造商仍按照系统利润最大的方式进行交易，因此制造商交易过程中的价格与合作决策下一致，因此 $P_{mr3}^* = P_{mr1}^*$，可以得到 P_{mr3}^* 的值：

$$P_{mr3}^* = \frac{\mu[\alpha - \beta(C_m + C_r)] + 2\beta C_m}{2\beta} \quad (6-16)$$

把方程式（6-16）代入方程式（6-15），再结合方程式（6-2）和式（6-7）得到此时零售商的利润为：

$$\pi_{R2}^*(t) = \frac{(1+\mu^2-2\mu)[\alpha-\beta(C_m+C_r)]^2}{16\beta} = \frac{1+\mu^2-\mu}{4} \cdot \pi_1^* \quad (6-17)$$

第四节　供应链网络效率分析

根据以往研究，单阶段决策过程中合作策略带来的供应链效率最大，因此，若想使得供应链网络达到最优效率的运行状态，需要使得供应商和零售商保证在每一时间段都采取合作策略，为保证每一时间段内合作策略的达成，需要使得合作下的期望利润比背叛下的期望利润更高。

根据第三节的分析，合作策略下，单阶段合作过程中制造商和零售商的利润分别如式（6-8）、式（6-9）所示，保持合作策略，运用折现系数描述制造商和零售商的期望利润，则此时制造商和零售商的期望利润可表示为：

$$\overline{\pi}_M^c = \frac{1}{1-\delta} \cdot \mu \cdot \pi_1^* \qquad (6-18)$$

$$\overline{\pi}_R^c = \frac{1}{1-\delta} \cdot (1-\mu) \cdot \pi_1^* \qquad (6-19)$$

当制造商采取背叛策略时，意味着以后的各时段与遭受背叛的零售商的连接都将被断开，因此，该制造商将失去以后各时间段内如果采取合作策略的利润，根据方程式（6-13），零售商的期望利润表示为：

$$\overline{\pi}_M^D = \frac{1}{2} \cdot \pi_1^* - \frac{\delta}{1-\delta} \cdot \mu \cdot \pi_1^* = \frac{1-\delta-2\delta\mu}{2(1-\delta)} \cdot \pi_1^* \qquad (6-20)$$

当零售商采取背叛策略时，意味着以后的各时段与该制造商的连接将被断开，因此，将失去以后各时间段内如果采取合作策略的利润，根据方程式（6-17），此时零售商的期望利润表示为：

$$\overline{\pi}_R^D = \frac{1+\mu^2-\mu}{4} \cdot \pi_1^* - \frac{\delta}{1-\delta} \cdot (1-\mu) \cdot \pi_1^*$$

$$= \frac{1+(1-\delta)\mu^2 - \mu + 5\delta\mu - 5\delta}{4(1-\delta)} \cdot \pi_1^* \qquad (6-21)$$

若想使制造商和零售商都进行合作策略的选择，那么就要使得合作策略下的期望收益高于背判策略下的期望收益，也就是合作策略下的期望收益与背叛策略下的期望收益需要满足以下关系：

$$\begin{cases} \overline{\pi}_M^C \geqslant \overline{\pi}_M^D \\ \overline{\pi}_R^C \geqslant \overline{\pi}_R^D \end{cases} \qquad (6-22)$$

把式（6-18）、式（6-19）、式（6-20）、式（6-21）代入不等式组式（6-22），可得：

$$\frac{1-\delta}{2(1+\delta)} \leqslant \mu \leqslant \frac{\sqrt{20\delta^2 + 47\delta + 21} - (3+5\delta)}{2(1-\delta)} \qquad (6-23)$$

$$\frac{1-\delta}{2(1+\delta)} \leqslant \frac{\sqrt{20\delta^2 + 47\delta + 21} - (3+5\delta)}{2(1-\delta)} \qquad (6-24)$$

第六章 基于动态博弈的供应链网络效率分析

同时，对于 $\delta(0<\delta<1)$，不等式（6-24）总是成立，所以 μ 的解存在。

结论 6-1：在供应链网络中，要使得网络最有效率，需要使得生产商和零售商在每一时间段内同时采取合作策略，为保证合作策略的取得，需要在合作分配时的分配系数 μ 满足：

$$\frac{1-\delta}{2(1+\delta)} \leq \mu \leq \frac{\sqrt{20\delta^2+47\delta+21}-(3+5\delta)}{2(1-\delta)} \quad (6-25)$$

其中折现系数 $0<\delta<1$。

本章小结

在第五章供应链网络合作均衡的条件的分析基础上，基于供应链中制造商和零售商的单阶段决策基础进行绿色供应链网络的效率分析。首先计算在单阶段博弈状态下，制造商和零售商分别选择合作策略和背叛策略时的利润，然后运用动态博弈，考虑在折现系数为 δ 的情况下，制造商和零售商在合作策略和背叛策略时的期望利润，运用合作的期望利润与背叛的期望利润比较，总结供应链能达到最优效率的条件是合作利润的分摊系数 μ 需要满足 $\frac{1-\delta}{2(1+\delta)} \leq \mu \leq \frac{\sqrt{20\delta^2+47\delta+21}-(3+5\delta)}{2(1-\delta)}$ 的条件。

基于经济网络的绿色供应链
网络结构及博弈
均衡分析
Chapter 7

第七章 总结和展望

基于经济网络的绿色供应链网络结构及博弈均衡分析

第一节 总 结

本书将非线性规划、博弈论、复杂网络以及经济网络等理论和方法应用到供应链网络和绿色供应链网络的研究中，建立了绿色供应链网络的整体模型并对其进行优化分析；对供应链网络上的动态博弈进行分析，并进一步分析供应链网络结构与动态博弈均衡之间的相互关系；根据一般性的分析结果，构建供应链网络模型，并根据动态博弈合作均衡出现的结果，分析供应链网络的网络特性。通过对供应链网络结构与动态博弈合作均衡的关系的研究，我们可以利用理论结果来解释一些相应的供应链网络所呈现的特性。因此，对绿色供应链的优化分析和供应链网络结构模型研究的重要意义是显而易见的。本书的主要内容包括以下几个方面。

1. 建立了绿色供应链网络的优化模型

绿色供应链包括对从供应商到消费者各层次的"绿色"要求，具有明显的系统性，因此，系统整体结构对决策个体和系统整体预期目标的达成有重要影响。根据绿色供应链的系统性，首先运用复杂网络理论构建包括供应商、制造商、消费者和回收处理商四个层级的绿色供应链网络，为实现绿色供应链的"绿色"要求，把系统的总污染量控制与系统的总期望收益作为同等重要的系统目标，在此基础上进行系统目标和各层级个体单位的目标分析，分别给出系统和企业的优化目标，从模型的描述和分析来看，绿色供应链网络结构及系统优化问题包括系统整体最优和各个体目标最优之间的权衡取舍，因此，构成一个多目标的决策问题。在模型结构和目标的分析中发现以下几个方面的问题：（1）绿色供应链网络与传统供应链相比，需要加入考虑从供应商到消费者各层级的浪费和回收处理问题，使系统的浪费值或污染值最小；（2）处在绿色供应链上的各层级个体在追求利润

第七章 总结和展望

最大和成本最小的同时,也需要考虑尽量减少污染;(3)要想使绿色供应链系统最优,需要在满足各层级个体的目标约束下才能更好实现。该模型将有助于进一步研究绿色供应链管理方面的新问题。

2. 进行供应链网络的动态博弈分析

首先运用经济网络的构成特征介绍供应链网络的结构,分析了供应链网络的形成机制。同时对供应链网络中的模式过程进行假设和构建,从各层级的单个个体开始,分析供应链网络中达到合作均衡的条件;同时分析均衡对网络结构的要求和影响。从分析可以得出,网络中的合作均衡受到背叛的最高收益 $\prod^{e_i^i, T_{i+1}}$、$FV_{e_i^i, e_{i+1}^i}(T^\infty(s, e_i^i))$ 以及折现率 $\delta_{e_i^i}$ 的影响,如果想要网络出现合作均衡,就需要注意以下两个方面:(1) 如果在供应链系统中,背叛的最高收益 $\prod^{e_i^i, T_{i+1}}$ 既定,如果 $FV_{e_i^i, e_{i+1}^i}(T^\infty(s, e_i^i))$ 足够高,那么即使折现率 $\delta_{e_i^i}$ 低一些,也可以保证合作均衡的出现;(2) 如果在供应链系统折现率 $\delta_{e_i^i}$ 既定,那么即使背叛的最高收益 $\prod^{e_i^i, T_{i+1}}$ 比较高,只要收益值 $FV_{e_i^i, e_{i+1}^i}(T^\infty(s, e_i^i))$ 足够高,也可以使网络出现合作均衡。进一步地,本章还探讨了合作均衡的重要影响因素 $FV_{e_i^i, e_{i+1}^i}(T^\infty(s, e_i^i))$ 对供应链网络结构的影响,分析发现对于具有较大 $\underline{FV}_{e_i^i}(s)$ 的网络来说,网络中实体之间的连接就会保持相类的度大小。

3. 动态博弈下的供应链网络结构与结构特征分析

运用复杂网络的分析方法进行基于"囚徒困境"博弈的供应链动态网络的形成机制的分析,将收益的影响加入个体的连接选择中,基于网络的一般演化规则,提出了基于增长、局部选择、选择限制、决策选择的基于"囚徒困境"博弈的供应链演化模型。同时,对于形成的供应链网络结构的平均度与度分布进行了分析,发现在网络模型中,连接度小的节点倾向于连接度大的节点,但因为连接限制,度值大的因为"责任限制"会控制自己的连接数量,所以网络的平均度没有呈现较大数值的情况。

4. 供应链网络的效率分析

在第三章绿色供应链网络优化分析和第四章供应链网络合作均衡的条件的分析基础上，基于供应链中制造商和零售商的单阶段决策基础进行绿色供应链网络的效率分析。首先，计算在单阶段博弈状态下，制造商和零售商分别选择合作策略和背叛策略时的利润，然后运用动态博弈，考虑在折现系数为 δ 的情况下，制造商和零售商在合作策略和背叛策略时的期望利润，运用合作的期望利润与背叛的期望利润比较，总结供应链能达到最优效率的条件是合作利润的分摊系数 μ 需要满足 $\frac{1-\delta}{2(1+\delta)} \leq \mu \leq \frac{\sqrt{20\delta^2 + 47\delta + 21} - (3 + 5\delta)}{2(1-\delta)}$ 的条件。

第二节 展　　望

基于供应链网络和绿色供应链网络研究现状和本书的研究基础，在以后的时间将继续进行以下几个方面的研究工作，进一步丰富和完善供应链与绿色供应链网络结构、特性及模型优化方面的理论与应用。

（1）绿色供应链的优化模型，所涉及的参数不仅是本书所涉及的产量、定价、成本、收益、销售量、需求量等，还可以扩展到包括信息共享价值、库存、数量折扣、产品质量、服务质量等，加入更多的参数，使模型的适用性更强。

（2）本书虽然存在网络结构与动态博弈相互影响的演化规律分析，但与实际中的供应链一方面随着时间动态演化，另一方面博弈的结果重新导致供应链结构改变的情况仍有差距。在以后的工作中，会进一步将供应链的结构与博弈演化结果进行综合的考虑，即网络的结构影响策略的演化，同时策略演化也导致结构发生相应的变化。两种过程相互作用将更能真实地反映供应链的实际情况。

第七章 总结和展望

（3）供应链是复杂社会经济系统，在进行博弈分析的过程中，限制较多，应该进一步深入地分析各种因素在供应链的形成过程所起的作用，进而建立更为有效的供应链结构模型，分析各种结构特征与其行为之间的内在联系。

（4）从研究的理论基础上看，还应进一步综合运用信息经济学、组织行为学、系统动力学、超网络、随机过程等多个学科的理论知识和方法。扩展模型的假设条件，使模型与实际系统更符合。综合运用各相关交叉学科的知识对供应链网络进行综合的研究，也是供应链管理未来研究的方向之一。

参 考 文 献

[1] S. K. Srivastava. Green supply chain management: a state – of – the – art literayure review [J]. International Journal of Management Reviews, 2007, 9 (1): 53 – 80.

[2] J. B. Sheu, Y. H. Chou, C. Hu. An integrated logistic operational model for green supply chain management [J]. Transportation Research Part E, 2005, 41: 287 – 313.

[3] S. Cheng, C. W. Chan, G. H. Huang. An integrated multi – criteria decision analysis and inexact mixed integer linear programming approach for solid waste management [J]. Engineering Application of Artificial Intelligence, 2003, 16: 543 – 554.

[4] 周陈亮, 薛恒新. 报废汽车逆向物流网络参与者利润分配研究 [J]. 运筹与管理, 2011, 20 (3): 186 – 189.

[5] 缪小红, 周新年, 林森等. 第三方冷链物流配送路径优化研究 [J]. 运筹与管理, 2011, 20 (4): 32 – 38.

[6] Jackson, M. O. and A. Wolinsky, A strategic model of social and economic networks [J]. Journal of Economic Theory, 1996, 71: 44 – 74.

[7] Jackson, M. O. and Watts A. On the formation of interaction networks in social coordination games [J]. Games and Economic Behavior, 2002, 41 (2): 265 – 291.

[8] Jackson, M. O. The economics of social networks [J]. Ad-

vances in Economics & Econometrics, 2006, 1 (1): 1 - 56.

[9] L. M. Ell ram. Supply - Chain Management: The Industrial Organisation Perspective [J]. International Journal of Physical Distribution & Logistics Management, 1991, 21 (1): 13 - 22.

[10] M. L. Christopher. Logistics and Supply Chain Management [M]. London: Pitman Publishing, 1992.

[11] L. R. Kopczak. Logistics Partnerships and Supply Chain Restructuring: Survey Results From the Us Computer Industry [J]. Production and Operations Management, 1997, 6 (3): 226 - 247.

[12] 李刚. 基于复杂网络的供应链建模与性能分析研究 [D]. 杭州: 浙江大学, 2012.

[13] D. O. Caliskan, Y. H. Chen, J. B. Li. Channel Coordination Under Fairness Concerns and Nonlinear Demand [J]. European Journal oF Operational Research, 2010, 207 (3): 1321 - 1326.

[14] D. M. Lambert, M. C. Cooper, J. D. Pagh. Supply Chain Management: Implementation Issues and Research Opportunities [J]. International Journal of Logistics Management, 1998, 2 (9): 1 - 19.

[15] F. Chan, H. K. Chan. The Future Trend On System - Wide Modeling in Supply Chain Studies [J]. International Journal of Advanced Manufacturer Technology, 2005, 25 (7): 820 - 832.

[16] H. Min, G. G. Zhou. Supply Chain Modeling: Past, Present and Future [J]. Computers & Industrial Engineering, 2002, 43 (1 - 2): 231 - 249. T. Y. Choi, K. J. Dooley, M. Rungtusanatham. Supply Networks and Complex Adaptive Systems; Control Versus Emergence [J]. Journal of Operations Management, 2001, 19 (3): 351 - 366.

[17] T. Y. Choi, K. J. Dooley, M. Rungtusanatham. Supply Networks and Complex Adaptive Systems: Control Versus Emergence [J]. Journal of Operations Management, 2001, 19 (3): 351 - 366.

[18] B. M. Beamon. Supply Chain Design and Analysis: Models and Methods [J]. International Journal of Production Economics, 1998, 55 (3): 281 –294.

[19] I. J. Chen, A. Paulraj. Towards a Theory of Supply Chain Management: The Constructs and Measurements [J]. Journal of Operations Management, 2004, 22 (2): 119 –150.

[20] K. Z. Tang, S. Kumara. Cooperation in a Multi – Stage Game for Modeling Distributed Task Delegation in a Supply Chain Procurement Problem [J]. 2005IEEE International Conference on Automation Science and Engineering (CASE), 2005: 93 –98.

[21] A. Nair, R. Narasimhan, T. Y. Choi. Supply Networks as a Complex Adaptive System: Toward Simulation – Based Theory Building on Evolutionary Decision Making [J]. Decision Sciences, 2009, 40 (4): 783 –815.

[22] D. O. Caliskan, Y. H. Chen, J. B. Li. Channel Coordination Under Fairness Concerns and Nonlinear Demand [JJ. European Journal oF Operational Research, 2010, 207 (3): 1321 –1326.

[23] L. Sun. A Game Theory Mode of Cooperation and Competition Between Upstream and Downstream Companies in Supply Chain [J]. Proceedings of 2009 International Conference on Construction & Real Estate Management, Vols 1and 2, 2009: 406 –412.

[24] H. K. Chan, R Chan. A Review of Coordination Studies in the Context of Supply Chain Dynamics [J]. Internationa! Journal oFProduction Research, 2010, 48 (10): 2793 –2819.

[25] A. A. Javid, P. Hoseinpour. A Game – Theoretic Analysis for Coordinating Cooperative Advertising in a Supply Chain [J]. Journal of Optimization Theory and Applications, 2011, 149 (1); 138 –150.

[26] M. M. SeyedEsfahani, M. Biazaran, M. Gharakhani, A Game

Theoretic Approach to Coordinate Pricing and Vertical Co – Op Advertising in Manufacturer – Retailer Supply Chains [J]. European Journal of Operational Research, 2011, 211 (2): 263 – 273.

[27] H. Y. Li, A Game Analysis On the Credit Crisis of Supply Chain E – Commerce Business [C]. ETP/IITA Conference on System Science and Simulation in Engineering, Hong Kong, 2010, 33 – 36.

[28] H. P. Thadakamalla, U. N. Raghavan, S. Kumara, et al. Survivability of Multiagent – Based Supply Networks: A Topological Perspective [J]. IEEE Intelligent Systems, 2004, 19 (5): 24 – 31.

[29] X. Zhou, H. Fang. Response to the Supply Chain Disruptions with Multiple Sourcing [J]. 2009 IEEE International Conference on Automation and Logistics (ICAL 2009), Vols 1 – 3, 2009: 136 – 139. A. Nair, J. M. Vidal. Supply Network Topology and Robustness Against Disruptions – An Investigation Using Multi – Agent Model [J]. International Journal of Production Research, 2011, 49 (5): 1391 – 1404.

[30] A. Nair, J. M. Vidal. Supply Network Topology and Robustness Against Disruptions – An Investigation Using Multi – Agent Model [J]. International Journal of Production Research, 2011, 49 (5): 1391 – 1404.

[31] K. Zhao, A. Kumar, T. P. Harrison, et al. Analyzing the Resilience of Complex Supply Network Topologies against Random and Targeted Disruptions [J]. IEEE Systems Journal, 2011, 5 (1): 28 – 39.

[32] K. Zhao, A. Kumar, J. Yen. Achieving High Robustness in Supply Distribution Networks by Rewiring [J]. IEEE Transactions on Engineering Management, 2011, 58 (2): 347 – 362.

[33] Q. Xuan, F. Du, Y. J. Li, et al. A Framework to Model the Topological Structure of Supply Networks [J]. IEEE Transactions on Automation Science and Engineering, 2011, 8 (2): 442 – 446.

[34] 郭雷, 许晓鸣. 复杂网络 [M]. 上海: 上海科技教育出

版社，2006.

［35］F. Schweitzer, G. Fagiolo, D. Sornette, et al. Economic Networks: The New Challenges［J］. Science, 2009, 325 (5939): 422-425.

［36］汪小帆，李翔，陈关荣. 复杂网络理论及其应用［M］. 北京：清华大学出版社，2006.

［37］H. J. Sun, J. J. Wu. Scale - Free Characteristics of Supply Chain Distribution Networks［J］. Modern Physics Letters B, 2005, 19 (17): 841-848.

［38］Troy J., Strader, Furen Lin and Michael J. S. Simulation of order fulfillment indivergent assembly supply chain［J］. Journal of Artificial Societies and Social Simulation, 1998, 10 (3): 197-230.

［39］Venkata V., Katare S., Patkar P. et al. Spontaneous emergence of complex optimal networks through evolutionary adaptation［J］. Computers and Chemical Engineering, 2004, 28 (9): 1789-1798.

［40］Pathak S. D.. An investigative framework for studying the growth and evolution of complex supply networks［D］. PhD Thesis, Vanderbilt University, 2005.

［41］Chris S. L. and Riyaz T. Conceptualizing coordination and competition in supply chain as complex adaptive system［J］. Information Systems and e - Business Management, 2006, 4 (1): 71-81.

［42］Helbing D. Information and material flows in complex networks［J］. Physics A, 2006, 363 (1): xi-xvi.

［43］Christian Kuhnert, Dirk Helbing. Scaling laws in urban supply networks［J］. Physics A, 2006, 363 (1): 89-95.

［44］Laumanns M. and Lefeber E. Robust optimal control of material flows in demand - driven supply networks［J］. Physics A, 2006, 363 (1): 24-31.

［45］Pathak S. D., Dilts D. M., Biswas G. On the evolutionary dynamics of supply network topologies [J]. IEEE Transactions on Engineering Management, 2007, 54 (4): 662 – 672.

[46] Gerard P. C. , Paul H. Z. Competitive and cooperative inventory policies in a two – stage supply chain [J]. Management Science, 1999, 45 (7): 936 – 954.

[47] Gans N. Customer loyalty and supplier quality competition [J]. Management Science, 2002, 48 (2): 207 – 221.

[48] Nagurney A. , Dong J. , Zhang D. A supply chain network equilibrium model [J]. Transportation Research, 2002, 38 (5): 281 – 303.

[49] Dong J. , Zhang D. , Yan H. , et al. Multitiered supply chain networks: multicriteria decision making under uncertainty [J]. Annals of Operations Research, 2005, 135 (1): 155 – 180.

[50] Susan A. S. From supply – chain management to value network advocacy: implications for e – supply chains [J]. Supply Chain Management, 2005, 10 (2): 77 – 84.

[51] Sunil C. , Peter M. Supply chain management [M]. Prentice Hall Press, 2009.

[52] Apicella C. L. , Marlowe F. W. , Fowler J. H. , et al. Social networks and cooperation in hunter – gatherers [J]. Nature, 2012, 481 (7382): 497 – 501.

[53] Gracia – Lazaro C. , Ferrer A. , Ruiz G. , et al. Heterogeneous networks do not promote cooperation when humans play a Prisoner's Dilemma [J]. Proc. Natl. Acad. Sci. USA, 2012, 109 (32): 12922 – 12926.

[54] Rand D. G. , Arbesman S. , Cheistakis N. A. Dynamic social networks promote cooperation in experiments with humans [J]. Proc. Natl. Acad. Sci. USA, 2011, 108 (48): 19193 – 19198.

[55] Wang J. , Suri S. , Watts D. J. Cooperation and assortativity with dynamic partner updating [J]. Proc. Natl. Acad. Sci. USA, 2012,

109 (36): 14363 - 14368.

[56] LEE S., Holme P., Wu, Z - X. Emergent hierarchical structures in multiadaptive games [J]. Phys. Rev. Lett. 2011, 106: 028702.

[57] Tang C. S. Perspectives in supply chain risk management [J]. International Journal of Production Economics, 2006, 103 (2): 451 -488.

[58] Nalan G., Berc, Rustem W. C. Robust decisions for multi - period mean - variance portfolio optimization [J]. European Journal of Operational Research, 2007, 183 (3): 1488 - 1505.

[59] A. Ben - Tal, B. Golany, A. Nemirovski and J. P. Vial. Supplier - retailer flexible commitments contracts: a robust optimization approach [A]. Manufacturing and Service Operations Management [Z]. 2005, 7 (3): 248 - 171.

[60] Stephen C. H. Leung, Sally O. S. Tsang, W. L. Ng, Yue Wu. A Robust optimization model for multi - site production planning problem in an uncertain environment [J]. European Journal of Operational Research 2007, 181 (1): 786 - 800.

[61] 王丹力,王宏安,戴国忠. 供应链管理的复杂性研究 [J]. 系统仿真学报, 2000, 14 (11): 20 - 26.

[62] 张涛,孙林岩,孙海虹,李刚. 供应链的系统运作模式分析与建模——基于复杂适应系统范式的研究 [J]. 系统工程理论与实践, 2003 (11): 8 - 13.

[63] 路应金. 集成供应链管理系统动态演化的复杂性研究 [D]. 电子科技大学, 2004.

[64] 杨南川,陈宏. 自组织理论在供应链管理中的应用探讨 [J]. 现代管理科学, 2005 (6): 34 - 35.

[65] 白世贞,郑小京. 供应链管理复杂系统三层回声模型的研究 [J]. 科学技术与工程, 2006, 6 (5): 576 - 581.

[66] Jian Huang, Tiaojun Xiao. Modeling an evolving complex sup-

ply network [J]. Journal of System s Science and Information, 2007, 5 (4): 327 -338.

[67] 陈晓，张纪会. 复杂供需网络的局域演化生长模型 [J]. 复杂系统与复杂性科学, 2008, 5 (1): 54 -61.

[68] 张昕瑞，王恒利. 复杂供应链网络结构模型研究 [J]. 工业技术经济, 2008, 27 (2): 79 -81.

[69] 邱若臻. 供应链鲁棒优化与控制策略 [M]. 科学出版社, 2012.

[70] 丁青艳. 复杂网络结构下供应链企业间合作关系研究 [D]. 北京：北京交通大学, 2012.

[71] 晏妮娜，黄小原，马龙龙. 需求不确定环境下多个零售商竞争的鲁棒随机优化模型 [J]. 中国管理科学, 2008, 16 (4): 50 -54.

[72] M. H. Nagel. Environmental supply – chain management versus green procurement in the scope of a business and leadership perspective [J]. Electronics and the Environment, 2000. ISEE 2000. Proceedings of the 2000 IEEE International Symposium on, 2000.

[73] R. Handfield, S. V. Walton. Applying environmental criteria to supplier assessment: A study in the application of the Analytical Hierarchy Process [J]. European Journal of Operational Research, 2002, 141 (1): 70 -87.

[74] Hass J. L. "Greening" the supply chain: a case study and the development of the conceptual model. In: Ulhoi JP, Madsens H, editors. Industry and the approaches in business. Aarhus: The Aarhus School of Business; 1996.

[75] R. J. Dewhurst, D. R Davies, R. J Merry. Microbial protein supply from the rumen [J]. Animal Feed Science and Technology, 2000, 85 (1 -2): 1 -21.

[76] Paul R. Murphy, Richard F. Poist. Green perspectives and

practices: a "comparative logistics" study [J]. Supply Chain Management: An International Journal, 1996, 8 (2): 122 – 131.

[77] L. Linnanen, M. Halme. Can sustainable industrial networks be created? [J]. Industry and the environment: Practical applications of environmental approaches in business. Proceeding of the Nordic Business Environmental Management Network. 1996.

[78] G. A. Zsidisin, S. P. Siferd. Environmental purchasing: a framework for theory development [J]. European Journal of Purchasing & Supply Management, 2001, 7 (1): 61 – 73.

[79] 武春友, 朱庆华, 耿勇. 绿色供应链管理和企业可持续发展 [J]. 中国软科学, 2001 (3): 67 – 70.

[80] 王能民, 孙林岩, 汪应洛. 绿色供应链管理 [M]. 北京: 清华大学出版社, 2005.

[81] Fan Wang, Xiaofan Lai, Ning Shi. A multi – objective optimization for green supply chain network design [J]. Decision Support Systems, 2011 (51): 262 – 269.

[82] M. S. Pishvaee, M. Rabbani, S. A. Torabi. A robust optimization approach to closed – loop supply chain network design under uncertainty [J]. Applied Mathematical Modelling, 2011 (35): 637 – 649.

[83] 王文宾, 达庆利, 胡天兵等. 基于惩罚与补贴的再制造闭环供应链网均衡模型 [J]. 运筹与管理, 2010, 19 (1): 65 – 72.

[84] H. E. Romeijn, J. Sgy, C. P. Teo. Designing two – echelon supply networks [J]. European Journal of Operational Research, 2007, 178: 449 – 462.

[85] C. J. Vidal, M. Goetschalckx, Strategic production – distribution models: a critical review with emphasis on global supply chain models [J]. European Journal of Operational Research, 1997, 98: 1 – 18.

[86] B. M. Beamon. Supply chain design and analysis: models and

methods [J]. International Journal of Production Economics, 1998, 55: 281-294.

[87] S. S. Erenguc, N. C. Simpson, A. J. Vakharia. Integrated production/distribution planning in supply chains: an invited review [J]. European Journal of Operational Research, 1999, 115: 219-236.

[88] J. F. Cordeau, F. Pasin, M. M. Solomon. An integrated model for logistics network design [J]. Annals of Operations Research, 2006, 144: 59-82.

[89] W. Wilhelm, D. Liang, B. Rao, D. Warrier, X. Zhu, S. Bulusu. Design of international assembly systems and their s upply chains under NAFTA [J]. Transportation Research Part E: Logistics and Transportation Review, 2005, 41: 467-493.

[90] M. Goh, J. I. S. Lim, F. Meng. A stochastic model for risk management in global supply chain networks [J]. European Journal of Operational Research, 2007, 182: 164-173.

[91] Albert R. and Barabási A. -L. Statistical mechanics of complex network [J]. Rev. Mod. Phys, 2002, 74: 47-97.

[92] Béal S. and Quérou N. Bounded rationality and repeated network formation [J]. Mathematical Social Sciencrs, 2007, 54: 71-89.

[93] Glantschnig, W. J. Green design: an introduction to issues and challenges [J]. IEEE Transactions on Components, Packaging and Manufacturing Technology -Part A, 1994, 17: 508-513.

[94] Navin-Chandra, D. Design for environmentability [J]. Design Theory and Methodology, 1991, 31: 99-124.

[95] Madu, C. N., Kuei, C. and Madu, I. E. (2002). A hierarchic metric approach for integration of green issues in manufacturing: a paper recycling application [J]. Journal of Environmental Management, 2002, 64: 261-272.

[96] Barros, A. I., Dekker, R. and Scholten, V. A two-level network for recycling sand: a case study [J]. European Journal of Operational Research, 1998, 110: 199-214.

[97] Ferrer, G. and Whybark, D. C. Material planning for a remanufacturing facility [J]. Production and Operations Management, 2001, 10: 112-124.

[98] Gatenby, D. A. and Foo, G. Design for X (DFX): key to competitive, profitable products [J]. AT&T Technical Journal, 1990, 69: 2-15.

[99] Guide, V. D. R. and Van Wassenhove, L. N. Managing product returns for remanufacturing [J]. Production & Operations Management, 2001, 10: 142-155.

[100] Krikke, H. R., Bloemhof-Ruwaard, J. M. and Van Wassenhove, L. N. Concurrent product and closed-loop supply chain design with an application to refrigerators [J]. International Journal of Production Research, 2003, 41: 3689-3719.

[101] Louwers, D., Kip, B. J., Peters, E., Souren, F. and Flapper, S. W. P. A facility location allocation model for reusing carpet materials [J]. Computers & Industrial Engineering, 1999, 36: 855-869.

[102] Melissen, F. W. and de Ron, A. J. Defining recovery practices - definitions and terminology [J]. International Journal on Environmentally Conscious Manufacturing and Design, 1999, 8: 1-18.

[103] Seliger, G., Zussman, E. and Kriwet, A. Integration of recycling considerations into product design - a system approach [M]. Information and Collaboration Models of Integration - Based on the NATO Research Workshop on Integration, Il Crocco, Italy. Dordrecht, The Netherlands: Kluwer Academic. 1994.

[104] Boothroyd, G. and Alting, L. Design for assembly and disas-

sembly [J]. Annals of the CIRP, 1992, 41: 625 –636.

[105] Krikke, H. R., van Harten, A. and Schuur, P. C. Business case Oce: reverse logistic network re – design for copiers [J]. OR Spektrum, 1999, 21: 381 –409.

[106] Kroll, E., Beardsley, B. and Parulian, A. A methodology to evaluate ease of disassembly for product recycling [J]. IIE Transactions, 1996, 28: 837 –845.

[107] Laperiere, L. and ElMaraghy, H. A. Planning of products assembly and disassembly [J]. Annals of the CIRP, 1992, 41: 5 –9.

[108] Lee, J. J., O'Callaghan, P. and Allen, D. (1995). Critical review of life cycle analysis and assessment techniques and their application to commercial activities [J]. Conservation and Recycling, 1995, 3: 37 –56.

[109] Moore, K. E., Gungor, A. K. and Gupta, S. M. Petri net approach to disassembly process planning for products with complex AND/OR precedence relationships [J]. European Journal of Operational Research, 2001, 135: 428 –449.

[110] Scheuring, J., Bras, B. A. and Lee, K. M. Significance of design for disassembly on integrated disassembly and assembly processes [J]. International Journal of Environmentally Conscious Design and Manufacturing, 1994, 3: 21 –23.

[111] Taleb, K. N. and Gupta, S. M. Disassembly of multiple product structures [J]. Computers & Industrial Engineering, 1997, 32: 949 –961.

[112] Gupta, A. Approximate solution of a single – base multi – indentured repairable – item inventory system [J]. Journal of the Operational Research Society, 1993, 44: 701 –710.

[113] He, C –H., Gao, Y –H., Yang, S –H. and Edwards, D. W. Optimization of the process for recovering caprolactam from wastewater in

a pulsed – sieve – plate column using green design methodologies [J]. Journal of Loss Prevention in the Process Industries, 2004, 17: 195 – 204.

[114] Jahre, M. (1995). Household waste collection as a reverse channel [J]. International Journal of Physical Distribution & Logistics Management, 1995, 25: 39 – 55.

[115] Jayaraman, V., Patterson, R. A. and Rolland, E. The design of reverse distribution networks: models and solution procedures [J]. European Journal of Operational Research, 2003, 150: 128 – 149.

[116] Johnson, M. R. and Wang, M. H. Planning product disassembly for material recovery opportunities [J]. International Journal of Production Research, 1995, 33: 3119 – 3142.

[117] Sarkis, J. Evaluating environmentally conscious business practices [J]. European Journal of Operational Research, 1998, 107: 159 – 174.

[118] Bloemhof – Ruwaard, J. M., van Wassenhove, L. N., Hordijk, L. and Beek, P. V. Interactions between operations research and environmental management [J]. European Journal of Operational Research, 1995, 85: 229 – 243.

[119] Crainic, T. G., Gendreau, M. and Dejax, P. Dynamic and stochastic models for the allocation of empty containers [J]. Operations Research, 1993, 41: 102 – 126.

[120] Fleischmann, M., Kuik, R. and Dekker, R. Controlling inventories with stochastic item returns: a basic model [J]. European Journal of Operational Research, 2002, 138: 63 – 75.

[121] Haastrup, P., Maniezzo, V., Mattarelli, M., Rinaldi, F. M., Mendes, I. and Paruccini, M. A decision support system for urban waste management [J]. European Journal of Operational Research, 1998, 109: 330 – 341.

[122] Hu, T. L., Sheu, J. B. and Huang, K. H. A reverse logistics cost minimization model for the treatment of hazardous wastes [J]. Transportation Research, Part E: Logistics and Transportation Review, 2002, 38: 457 - 473.

[123] Kroon, L. and Vrijens, G. Returnable containers: an example of reverse logistics [J]. International Journal of Physical Distribution & Logistics Management, 1995, 25: 56 - 68.

[124] Jayaraman, V., Srivastava, R. and Benton, W. C. A joint optimization of product variety and ordering approach [J]. Computers & Operations Research, 1998, 25: 557 - 566.

[125] Marin, A. and Pelegrin, B. The return plant location problem: modeling and resolution [J]. European Journal of Operational Research, 1998, 104: 375 - 392.

[126] Richter, K. and Sombrutzki, M. Remanufacturing planning for the reverse Wagner/Whitin models [J]. European Journal of Operational Research, 2000, 121: 304 - 315.

[127] Srivastava, S. K. and Srivastava, R. K. Profit driven reverse logistics [J]. International Journal of Business Research, 2005, 4: 53 - 61.

[128] Inderfurth, K. and van der Laan, E. A. Leadtime effects and policy improvement for stochastic inventory control with remanufacturing [J]. International Journal of Production Economics, 2001, 71: 381 - 390.

[129] Inderfurth, K., de Kok, A. G. and Flapper, S. D. P. Product recovery in stochastic remanufacturing system with multiple reuse options [J]. European Journal of Operational Research, 2001, 133: 130 - 152.

[130] Kiesmüller, G. P. and Scherer, C. W. Computational issues in a stochastic finite horizon one product recovery inventory model [J].

European Journal of Operational Research, 2003, 146: 553-579.

[131] Klausner, M. and Hendrickson, C. T. Reverse logistics strategy for product takeback [J]. Interfaces, 2000, 30: 156-165.

[132] Richter, K. and Weber, J. The reverse Wagner/Whitin model with variable manufacturing and remanufacturing cost [J]. International Journal of Production Economics, 2001, 71: 447-456.

[133] Richter, K. and Dobos, I. Analysis of the EOQ repair and waste disposal problem with integer setup [J]. International Journal of Production Economics, 1999, 59: 463-467.

[134] Sarkis, J. and Cordeiro, J. J. An empirical evaluation of environmental efficiencies and firm performance: pollution prevention versus end-of-pipe practice [J]. European Journal of Operational Research, 2001, 135: 102-113.

[135] Nagurney, A. and Toyasaki, F. Reverse supply chain management and electronic waste recycling: a multitiered network equilibrium framework for e-cycling [J]. Transportation Research Part E: Logistics and Transportation Review, 2005, 41: 1-28.

[136] Mostard, J. and Teunter, R. The newsboy problem with resalable returns: a single period model and case study [J]. European Journal of Operational Research, 2006, 169: 81-96.

[137] Kiesmüller, G. P. and van der Laan, E. A. An inventory model with dependent product demands and returns [J]. International Journal of Production Economics, 2001, 72: 73-87.

[138] Van der Laan, E. A., Salomon, M. and Dekker, R. An investigation of lead-time effects in manufacturing/remanufacturing systems under simple PUSH and PULL control strategies [J]. European Journal of Operational Research, 1999, 115: 195-214.

[139] Ferrer, G. On the widget remanufacturing operation [J].

European Journal of Operational Research, 2001, 135: 373 -393.

[140] Majumder, P. and Groenevelt, H. (2001). Competition in remanufacturing [J]. Production and Operations Management, 2001, 10: 125 -141.

[141] Haas, D. A. and Murphy, F. H. Compensating for non – homogeneity in decision – making units in data envelopment analysis [J]. European Journal of Operational Research, 2002, 144: 530 -554.

[142] Min, H., Ko, H. J. and Ko, C. S. A genetic algorithm approach to developing the multi – echelon reverse logistics network for product returns [J]. Omega, 2006, 34: 56 -69.

[143] Kandori, M., G. J., Mailath, and R. Rob, Learning, mutation and long run equilibria in Games [J]. Econometrica, 1993, 61: 29 -56.

[144] Watts D. J., Strogaze S. H. Collective dynamics of small – world networks [J]. Nature. 1998, 393: 440 -442.

[145] Ellison, G., Learning, Local Interaction, and Coordination [J]. Econometrica, 1993, 61: 1047 -1071.

[146] Morris, S., Contagion, Review of Economic Studies [J]. 2000, 67: 57 -79.

[147] Blume, L. E., The Statistical Mechanics of Strategic Interaction, Games and Economic Behavior [J]. 1993, 5: 387 -424.

[148] Kosfeld, M., Stochastic Strategy Adjustment in Coordination Games, Economic Theory [J]. 2002, 20: 321 -339.

[149] Ely, J. C. Local Conventions [J]. Advances in Theoretical Economics, 2002, 2 (1): 1 -13.

[150] Bhaskar, V. and Vega – Redondo, F., Migration and the Evolution of Conventions [J]. Journal of Economic Behavior and Organization, 2004, 55 (3): 397 -418.

[151] Mailath, G., L. Samuelson, and A. Shaked, Endogenous Interactions [J]. The evolution of economics, 2000: 1 - 34.

[152] Nicita, A. and U. Pagano, The Evolution of Economic Diversity [M]. New York: Routledge, 2001: 300 - 324.

[153] Goyal, S. and F. Vega - Redondo, Learning, Network Formation and Coordination [J]. Games and economic behavior, 2005, 58: 1 - 48.

[154] Droste, E., R. P. Gilles, and C. Johnson, Evolution of Conventions in Endogenous Social Networks [J]. Economic Society World Congress 2000: 0594.

[155] Keser, C., K - M. Ehrhart, and S. K. Berninghaus, Coordination and local interaction: experimental evidence [J]. Economics Letters, 1998, 58: 269 - 275.

[156] Boun My, K., Willinger, M., and Ziegelmayer, A., Global versus Local Interaction in Coordination Games: An Experimental Investigation [J]. mimeo, Université Louis Pasteur, 2001.

[157] Corbae, D. and J. Duffy, Experiments with Network Economies [J]. mimeo, University of Pittsburgh, 2002: 1 - 39.

[158] Cassar, A., Coordination and Cooperation in Local, Random and Small World Networks: Experimental Evidence [J]. Games and Economic Behavior, 2007, 58 (2): 209 - 230.

[159] Chiappori, B. Ellickson, A. Rubinstein and L. Samuelson in Proceedings of the 2002 North American Summer Meetings of the Econometric Society: Game Theory, http://lev0201.dklevine.com/proceedings/game - theory.htm.

[160] Eshel, I., L. Samuelson, and A. Shaked, Altruists, Egoists, and Hooligans in a Local Interaction Model [J]. American Economic Review, 1998, 88: 157 - 179.

[161] Nowak, M. A. and R. M. May, Evolutionary Games and Spatial Chaos [J]. Nature, 1992, 359: 826 – 829.

[162] Kirchkamp, O. Spatial evolution of automata in the prisoners' dilemma [J]. Journal of Economic Behavior and Organization, 2000, 43 (2): 239 – 262.

[163] Kirchkamp, O. and R. Nagel, Local and group interaction in prisoners' Dilemmas [J]. mimeo, University of Mannheim, 2000.

[164] Riedl, A. and A. Ule, Exclusion and Cooperation in Social Network Experiments [J]. mimeo, University of Amsterdam, 2002: 1 – 25.

[165] Brown, M., A. Falk, and E. Fehr, Relational Contracts and the Nature of Market Interactions [J]. Econometrica, 2004, 72 (3): 747 – 780.

[166] Kranton, R. and D. Minehart, A Theory of Buyer – Seller Networks [J]. American Economic Review, 2001, 91: 485 – 508.

[167] Nishiguchi, T., Strategic Industrial Sourcing [M]. New York: Oxford University Press, 1994: 1 – 45.

[168] Lazerson, M., Factory or Putting – Out? Knitting Networks in Modena [J]. The Embedded Firm: On the Socioeconomics of Industrial Networks, New York: Routledge, 1993: 203 – 226.

[169] Corominas – Bosch, M., On Two – sided Network Markets [D]. PhD Thesis, Universitat Pompeu Fabra, 1999: 1 – 26.

[170] Charness G., M. Corominas – Bosch, and G. R. Frechette, Bargaining and Network Structure: An Experiment [J]. Journal of Economic Theory, 2007, 136 (1): 28 – 65.

[171] Murphy, J. J., Dinar, A., Howitt, R. E., Rassenti, S. J., and Smith, V. L., The Design of 'Smart' Water Market Institutions Using Laboratory Experiments [J]. Environmental and Resource Economics, 2000, 17: 375 – 394.

[172] Rassenti, S. J., Smith, V. L., and Wilson, B. J., Controlling Market Power and Price Spikes in Electricity Networks: Demand-Side Bidding [J]. PNAS, 2003, 100: 2998-3003.

[173] Myerson, R., Graphs and Cooperation in Games [J]. Mathematics of Operations Research, 1977, 2: 225-229.

[174] Galeotti A., Goyal S., Jackson M. O., et al. Network Games [J]. Review of Economic Studies, 2010, 77 (1): 218-244.

[175] Jackson M. O., Social and economic networks [M]. New-York: Princeton university press, 2008: 1-20, 124-150.

[176] Aumann, R. and R. Myerson, Endogenous Formation of Links Between Players and of Coalitions: an Application of the Shapley Value [M]. London: Cambridge University Press, 1988: 175-191.

[177] Dutta, B. and S. Mutuswami, Stable Networks [J]. Journal of Economic Theory, 1977, 76: 322-344.

[178] Dutta, B., A. van den Nouweland, and S. Tijs, Link Formation in Cooperative Structures [J]. International Journal of Game Theory, 1998, 27: 245-256.

[179] Puniyani A. R. and Lukos R. M. Growing random networks under contraints [J]. Condensed Matter, 2001: 0107391.

[180] Jackson, M. O. and Nouweland A. Strongly stable networks [J]. Games and Economic Behavior, 2005, 51 (2): 420-444.

[181] Bala, V. and S. Goyal, A Noncooperative Model of Network Formation [J]. Econometrica, 2000a, 68: 1181-1229.

[182] Bala, V. and S. Goyal, A Strategic Analysis of Network Reliability [J]. Review of Economic Design, 2000b, 5: 205-228.

[183] Goyal, S. and J. L. Moraga-González, R&D Networks [J]. Journal of Economics, 2001, 32: 686-707.

[184] Goyal, S. and S. Joshi, Networks of Collaboration in Oligopo-

ly [J]. Games and Economic Behavior, 2003, 43 (1): 57 - 85.

[185] Haller, H. and S. Sarangi, Nash Networks with Heterogeneous Agents [J]. Mathematical Social Science, 2005, 50 (2): 181 - 201.

[186] Sarangi, S., R. Kannan, and L. Ray, The Structure of Information Networks [J]. Economic Theory, 2007, 30 (1): 119 - 134.

[187] Deck, C. and C. Johnson, Link Bidding in a Laboratory Experiment [J]. Review of Economic Design, 2004, 8 (4): 359 - 372.

[188] Callander, S. and C. R. Plott, Networks: An Experimental Study [J]. mimeo, Northwestern University, 2003: 6 - 26.

[189] Falk, A. and M. Kosfeld, It's all about Connections: Evidence on Network Formation [M]. London: University of Zurich, 2003: 101 - 140.

[190] Vanin, P. Network formation in the lab: a pilot experiment [J]. mimeo, Pompeu Fabra University, 2002: 1 - 20.

[191] 张嗣瀛. 复杂网络的演化过程, n (n - 1) 律, 自聚集 [J]. 复杂系统与复杂性科学, 2005 (7): 84 - 90.

[192] Erdős P. and Rényi A. On the evolution of random graphs [J]. Publications of the mathematical institute of the Hungarian academy of sciences, 1960, 5: 17 - 61.

[193] Chua L. O. CNN: Aparadigm for complex [J]. Singapore, World Scientific, 1998: 1 - 12.

[194] Kaneko K. E. Couple map lattices [J]. Singapore, World Scientific, 1992: 1 - 24.

[195] Newman. M. E. J. and Watts D. J. Renormalization group analysis of the small - world netword model [J]. Phys. Lett. A 1999, 263: 341 - 346.

[196] Kasturirangan R. Multiple scales in small - world graphs [D]. Arxiv preprint cond - mat/9904055, 1999.

[197] Dorogovtsev S. N. and Mendes J. F. F. Exactly solvable small-world network [J]. Europhys. Letters, 2000, 50: 1-7.

[198] Kleinberg J. Navigation in a small world [J]. Nature, 2000, 406: 845.

[199] Ozik J., Hunt B-R., Ott E. Growing networks with geographical attachment preference: Emergence of small worlds [J]. Physi. Rev. E, 2004, 69: 026108.

[200] 杨波, 陈忠, 段文奇. 基于个体选择的小世界网络结构演化 [J]. 系统工程, 2004, 22 (12): 1-5.

[201] 刘强, 方锦清, 李永等. 探索小世界特性产生的一种新方法 [J]. 复杂系统与复杂性科学, 2005, 2 (2): 13-19.

[202] Barabási A. L., Albert R. and Jeong H. Mean-field theory for scale-free random networks [J]. Physica A 1999, 272: 173-187.

[203] 车宏安, 顾基发. 无标度网络及其系统科学意义 [J]. 系统工程理论与实践, 2004 (4): 11-16.

[204] 汪秉宏, 周涛, 王文旭等. 当前复杂系统研究的几个方向 [J]. 复杂系统与复杂性科学, 2008, 5 (4): 21-28.

[205] 杨阳, 荣智海, 李翔. 复杂网络演化模型理论研究综述 [J]. 复杂系统与复杂性科学, 2008, 5 (4): 47-55.

[206] 李栋, 李伟, 郑自刚. 从众心理引起博弈策略的同步震荡 [J]. 复杂系统与复杂性科学, 2009, 6 (1): 29-35.

[207] 卢文联. 动力系统与复杂网络——理论与应用 [D]. 上海: 复旦大学, 2005: 92-96.

[208] 贾秀丽, 蔡绍洪, 张芙蓉. 一类点边同时变化的无标度复杂网络模型研究 [J]. 东北师大学报 (自然科学版), 2008, 40 (4): 58-62.

[209] 季明, 张宁. 具有随机性的确定性网络模型 [J]. 复杂系统与复杂性科学, 2007, 4 (2): 56-61.

[210] 覃森,戴冠中,王林. 具有边连接增长速度的演化网络度分布研究[J]. 系统工程理论与实践,2007(11):159-163.

[211] 汪小帆,李翔,陈关荣. 复杂网络理论及其应用[M]. 北京:清华大学出版社,2006:9-15.

[212] 张四海. 基于社会网络和博弈论的合作理论研究[D]. 合肥:中国科学技术大学,2006:65-78.

[213] 章忠志. 复杂网络的演化模型研究[D]. 大连:大连理工大学,2006:5-15.

[214] 包兴海,姚洪兴. 一类经济系统生命体模型的建立与系统分析[J]. 复杂系统与复杂性科学,2006,3(1):51-58.

[215] 蔡中华,陈家伟,杨晓鹏等. 应用自组织映射对中国地区产业结构的聚类分析[J]. 复杂系统与复杂性科学,2004,1(4):62-66.

[216] 高齐圣,耿金华,方爱丽等. 基于BA生长网络的产品市场演化分析[J]. 控制与决策,2007,22(5):554-557.

[217] 李栋,李伟,郑白刚. 从众心理引起博弈策略的同步震荡[J]. 复杂系统与复杂性科学,2009,6(1):29-35.

[218] 张大陆,王志晓,刘雯等. 基于复杂网络的本体结构分析[J]. 同济大学学报(自然科学版),2009,37(2):258-261.

[219] 张鹏,李梦辉,吴金闪等. 科学家合作网络的聚类分析[J]. 复杂系统与复杂性科学,2005,2(2):30-34.

[220] Goh K. -I., Oh E. and Jeong H. etal. Classification of scale-free networks[J]. Proc. Natl. Acad. Sci. USA99,2002:12583-12588.

[221] M. A. Nowak, R. M. May. Evolutionary games and spatial chaos[J]. Nature,1992,359:826-829.

[222] G. Szabó, G. Fáth. Evolutionary games on graphs[J]. Physics Reports,2007,446(4-6):97-216.

[223] C. Hauter, S. De Monte, J. Hofbauer. Volunteering as red

queen mechanism for cooperation in public goods games [J]. Science, 2002, 296 (557): 1129 –1132.

[224] F. C. Santos, J. M. Pacheco, T. Lenaerts. Evolutionary dynamics of social dilemmas in structured heterogeneous populations [J]. Proc. Natl. Acad. Sci. U. S. A. , 2006, 103 (9): 3490 –3494.

[225] 杨红娟. 绿色供应链管理——企业可持续发展模式 [M]. 科学出版社, 2008.

[226] Anna Nagurney, Fuminori Toyasaki. Supply chain super networks and environmental criteria [J]. Transportation Research Part D, 2003, 8, 185 –213.

[227] EPA – United States Environmental Protection Agency. The lean and green supply chain a practical guide formaterialsmanagers and supply chain managers to reduce costs and improve environmental performance [R]. Office of Pollution Prevention and Toxics, Washington, DC, 2000, 13 –28.

[228] A. Burnetasa, S. M. Gilbertb & Craig E. Smith. Quantity discounts in single – period supply contracts with asymmetric demand information [J]. IIE Transactions, 2007, 39 (5): 465 –479.

[229] Fainmesser, Itay P. Community Structure and Market Outcomes: A Repeated Games in Networks Approach [J]. American Economic Journal: Microeconomics, 2012, 4 (1): 32 –69.

[230] Savaskan R C, Bhattacharya S, Wassenhove LNV. Closed – Loop supply chain models with product remanufacturing [J]. Management Science, 2004, 50 (2): 239 –252.

[231] Majumder P, Groenevelt H. Competition in remanufacturing [J]. Production Operational Management, 2001, 10 (2): 125 –141.

[232] Vlachos D, Dekker R. Return handling options and order quantities for single period products [J]. European Journal of Operational

Research, 2003, 151 (1): 38 -52.

[233] Bhatnagar R,, Sohal A. S. Supply chain competitiveness: measuring the impact of location factors, uncertainty and manufacturing practices [J]. Technovation, 2005, 25 (5): 443 -456.

[234] Paul R K., Germaine H S. Managing disruption risks in supply chains [J]. Production and Operations Management, 2005, 14 (1): 53 -68.

[235] 黄祖庆,达庆利.直线型再制造供应链决策结构的效率分析 [J]. 管理科学学报, 2006, 9 (4): 51 -57.

[236] 赵树宽,赵鹏飞.中国汽车业技术供应链技术效率评价研究 [J]. 中国软科学, 2010 (10): 172 -179.

[237] 公彦德.主导模式、回收补贴对闭环供应链决策、稳定性和效率的影响 [J]. 控制与决策, 2013, 28 (8): 1263 -1272.